Herderbücherei

Band 1251

Über das Buch

Millionen Menschen interessieren sich für Gandhis Leben und seine Ideen, die Stätten seines Wirkens sind internationale Wallfahrtsorte geworden. Als freilich Gisela Tölle sich dort nach seiner Frau erkundigte, traf sie auf allgemeines Erstaunen. Nach Kasturba Gandhi hatte bisher kaum jemand gefragt. Wer war diese Frau im Schatten des Mahatma? Wie lebten die beiden miteinander? Wie stand sie zu Gandhis Idealen? Die Autorin fand Zugang zu ihren alten Freundinnen und Vertrauten. So entstand aus vielen authentischen Mitteilungen das Lebensbild einer Hindu-Frau, die den Lebensweg des Mahatma seit seiner Kindheit teilte, sein „Experimentierfeld" und dennoch eine eigenwillige Persönlichkeit war. Von diesem Bericht her fällt auch ein Licht auf Gandhi selbst. War er wirklich so, wie ihn R. Attenborough in seinem berühmten Film dargestellt hat?

Über die Autorin

Gisela Tölle, geboren in Berlin, verbrachte ihre Kindheit in Königsberg, Tilsit, Stettin und Potsdam. Nach einer Volontärzeit bei der WELT arbeitete sie für zahlreiche englische Zeitungen und die BBC. Seit 1957 Mitarbeiterin verschiedener deutscher Rundfunkanstalten. Mehrere große Feature-Sendungen über Familienprobleme des In- und Auslandes, z. B. „Der Schleier fiel, die Voruteile blieben" und „Öffnet sich der Purda?". In Indien und Kenia hatte sie Gelegenheit, Probleme der Frauen in der dritten Welt kennenzulernen. 1982 erschien in der Herderbücherei „Das sanfte Regiment der Frauen" (Nr. 943) und im Verlag Herder „Lakschmi und Carola".

Gisela Tölle

Kasturba Gandhi – die Frau im Schatten des Mahatma

Ein Leben für Indien

Herderbücherei

Originalausgabe
erstmals veröffentlicht als Herder-Taschenbuch

Umschlagfoto: Gandhi-Museum, New Delhi
Die Abbildungen entstammen mit freundlicher Genehmigung
dem Ashram-Museum in Ahmedabad (S. 93, 109, 117) und dem
Gandhi-Museum in Delhi (S. 21, 53, 65, 77).

Alle Rechte vorbehalten – Printed in Germany
© Verlag Herder Freiburg im Breisgau 1985
Herder Freiburg · Basel · Wien
Herstellung: Freiburger Graphische Betriebe 1985
ISBN 3-451-08251-9

FÜR KLAUS

*in Liebe
und mit Dank,
daß wir zusammen die Welt sehen konnten*

Inhalt

1. Licht- und Tonspiele im Ashram   9
2. Kindheit im Elternhaus 13
3. Die Braut 19
4. Mohandas Vorstellung von der idealen
   Ehefrau 26
5. Jahre der Trennung – Jahre der Wandlung . . . 33
6. Südafrika 44
7. Die Phoenix-Siedlung 52
8. Das Leben im Ashram 64
9. Besuch bei Manibehn Patel 74
10. Der charmante Mahatma 84
11. Der Salzmarsch 91
12. Neuer Anfang in Wardha 99
13. Die letzte Haft 107
14. Kasturba zum Gedenken 115
15. Wir setzen die Arbeit fort 123

Literaturverzeichnis 127

1.

Licht- und Tonspiele im Ashram

Die Vorstellung der Licht- und Tonspiele im Ashram von Ahmedabad ist abends um 10 Uhr zu Ende. Wenn die Besucher das Gelände verlassen, wird es im Ashram dunkel. Keine Laterne brennt, nur der Mond spiegelt sich im Wasser des Sabarmati-Flusses und scheint auf die kleinen, weißen Hütten und den Weg, der zum Ausgang führt. Zur gleichen Zeit dreht der Nachtwächter seine erste Runde auf der Hauptstraße, immer am Ashram vorbei. Mit einem langen Stab klopft er regelmäßig auf das Straßenpflaster, damit alle hören, daß er wachsam ist. Diebe und lichtscheue Gestalten muß er nicht vertreiben. Die Menschen, die durch das große Tor gehen, sind Besucher der Licht- und Tonspiele.

Seit zwölf Jahren kommen die Zuschauer jeden Abend hierher. Der Ashram in Ahmedabad ist weit über die Grenzen Indiens hinaus bekannt, er ist ein historischer Ort. Hier hat Gandhi, der Vater des modernen Indien, der Freiheitskämpfer ohne Gewalt, ohne Terror und Bomben sieben Jahre lang gelebt und gewirkt. Im Ashram hat er mit seinen Anhängern ein asketisches Dasein geführt, den Dienst an anderen propagiert und seinen moralischen Kreuzzug gegen Unterdrückung, Ungerechtigkeit und Unwissenheit begonnen. Nicht durch bewaffnete Rebellion, sondern durch beten und fasten hat er seine Feinde besiegt. Die vier kleinen, bescheidenen Häuser, die damals den Ashram bildeten, sind heute Teil eines Museums und Kulisse für die Licht- und Tonspiele, die jeden Abend unter klarem Sternenhimmel vorgeführt werden. Für ein paar Rupien können die Zuschauer die Darbietung in Hindi, Gujerati oder Englisch verfolgen, je nachdem, an welchem Wochentag sie kommen.

Am Dienstag ist die Vorstellung in Hindi und ich zögere lange, ob ich hingehen soll. Aber Shri Trivedi, der Direktor des Gandhi-Museums im Ashram überredet mich es zu tun. Er selbst würde für mich übersetzen.

Und so zieht dann das Leben des indischen Freiheitskämpfers Gandhi an uns vorüber. Die Jahre, die er hier im Ashram, in dem weißgetünchten einfachen Haus mit der schattigen Holzveranda, verbrachte, seine Anhänger zu Gewaltlosigkeit im Freiheitskampf überredete, und Toleranz im Zusammenleben mit ihren Mitmenschen lehrte. Shri Trivedi übersetzt mir alles ins Englische. Kasturba, die Frau Gandhis, spielt in der einstündigen Darbietung keine Rolle. Ihr Name wird nur dreimal erwähnt.

Als wir am Ende der Vorstellung den Ashram verlassen und der Nachtwächter mit seinem klopfenden Stab in der Dunkelheit verschwunden ist, frage ich Direktor Trivedi warum Kasturba ein solches Schattendasein führen muß, warum sie kaum erwähnt wird. Schließlich hat sie 18 Jahre lang, von

1915 bis 1933 mit ihrem Mann im Ashram gelebt. Irgend etwas wird man doch wohl über sie sagen können.

Direktor Trivedi nickt und gibt zu, daß er es nicht weiß. Er ist ein bedachter Mann. Sein blütenweißer Kurta Pyjama – ein dünnes, kragenloses Baumwollhemd und weite, leichte Hosen – leuchtet in der Dunkelheit. Wir überqueren die Straße und gehen zu seinem Haus, vorbei an langgestreckten Gebäuden, in denen Unberührbare wohnen. Diese, von der indischen Gesellschaft seit Jahrhunderten Ausgestossenen und Verachteten, für deren Rechte sich Gandhi einsetzte, haben hier Wohnung und Arbeit gefunden. Ihre Kinder besuchen die Ashramschule. Aus den Fenstern der Häuser dröhnt Radiomusik, einige Bewohner sitzen im Freien, um die kühle Nachtluft zu genießen und die Kinder spielen in der Dunkelheit Verstecken.

„Wir setzen die Arbeit fort, die Gandhi begonnen hat", sagt Shri Trivedi. „Meine Frau leitet die Schulen für die Unberührbaren hier im Ashram."

Frau Trivedi hat uns schon erwartet. Ein Abendessen ist vorbereitet, das in vielen Metallschüsselchen aufgetragen wird. Die Gerichte riechen scharf und ich weiß aus Erfahrung, daß sie auch so schmecken. „Langen Sie zu," fordern mich die Gastgeber auf. Wir essen mit den Fingern.

Ich frage wieder, warum hier so wenig an Kasturba erinnert. Frau Trivedi rät, daraus keine falschen Schlüsse zu ziehen. Denn Kasturba, die so bescheiden und unauffällig wirkte, die man auch in den meisten historischen Büchern zu erwähnen vergißt, hat durch ihr Verständnis, ihre Warmherzigkeit und ihr Vorbild viele Menschen in ihren Bann gezogen. Sie wurde geliebt und verehrt. Wie sonst ließe es sich erklären, daß nach ihrem Tod im englischen Gefängnis von Puna Millionen ihrer Landsleute um sie trauerten. Sie taten es nicht, weil Kasturba die Frau des großen Freiheitskämpfers war und sie glaubten, es *ihm* schuldig zu sein. Sie taten es in dem Gefühl, eine aufopfernde, liebende und verständnisvolle Mutter verloren zu haben.

Wer war diese Frau nun wirklich, frage ich. Wo kam sie her, was bewegte sie? Warum stand sie in Gandhis Schatten? Wie lebten die beiden zusammen? Geduldig beantworten die Trivedis meine Fragen. Sie preisen Kasturbas Tugenden in den höchsten Tönen. Manchmal hört es sich an, als ob sie von einer Heiligen sprechen.

„Gandhi, den wir ja ‚Mahatma', die große Seele, nennen, hat von seiner Frau gesagt: ‚sie hatte Größe, ohne es selbst zu wissen, und Mut, ohne es zu zeigen'," erinnert sich Shri Trivedi.

Wir sitzen bis in die frühen Morgenstunden beisammen. Kasturbas Bild bekommt klare Konturen. Nach westlichem Verständnis stand diese Frau auf der Schattenseite des Lebens, ohne eigenes Glück, ohne Erfolg. Aber Shri Trivedi sagt: „Hier im Ashram hat sie die glücklichsten Jahre ihres Lebens verbracht."

2.

Kindheit im Elternhaus

Wen immer ich nach Kasturba frage, alte Freunde, Verwandte, Politikerinnen, alle erinnern sich mit großer Hochachtung an sie und betonen, daß sie eine gute Hindufrau war. Und das bedeutet viel. Es heißt, daß sie nach Hindutradition keine Forderungen nach Selbstverwirklichung und Selbstentfaltung stellte. Sie identifizierte sich – wie Millionen anderer Frauen in Indien – bis zur völligen Aufgabe der eigenen Persönlichkeit mit ihrem Mann, mit seinen Ideen und seinem Beruf. Die Hindugesellschaft erwartet, daß Frauen hinter den Taten ihrer Männer stehen, sie akzeptieren, wenn nötig auch verteidigen. Aber all dies ohne aufzufallen. Die Hindufrau tritt öffentlich kaum in Erscheinung. Sie bleibt bescheiden hinter ihrem Mann zurück. Ihre eigene Macht und ihr Einfluß liegen im Haus und in der Familie.

Zu diesem Verhalten werden Mädchen seit Jahrhunderten erzogen. Kasturba macht dabei keine Ausnahme. In der kleinen Provinzstadt Porbandar, an der Westküste von Gujerat, kommt sie 1869 zur Welt. Ihr Geburtstag ist unbekannt. Ihr Vater, Gokuldas Makanji ist ein reicher Kaufmann aus der Händler-Kaste, der in der Gegend für seine großzügige Gastfreundschaft bekannt ist. Ob Priester,

Schiffskapitän oder Bettler, alle finden Aufnahme in dem geräumigen Haus mit den schön geschnitzten Holzwänden und den schattigen Veranden. Die Frauen des Hauses bleiben für die meisten Gäste unsichtbar. Sie ziehen sich in ihre eigenen Räume oder hinter Wandschirme zurück. Es wäre unschicklich, sich Fremden zu zeigen.

Kasturba hat eine glückliche, unbekümmerte Kindheit. Mit ihren Freundinnen spielt sie in Haus und Garten und schaut den Frauen im elterlichen Haushalt bei der Arbeit zu. Als Kind sei sie sehr lebhaft gewesen und flink wie ein Junge, heißt es. Aber die Kindheit indischer Mädchen im letzten Drittel des vorigen Jahrhunderts ist kurz. Schon früh versuchen die Eltern einen passenden Mann für sie zu finden. Mit sieben Jahren wird Kasturba verlobt. Nach langen Beratungen mit Priestern und Astrologen fällt die Wahl ihres Vaters auf den jungen Mohandas Gandhi, der mit seiner Familie lange Zeit im Nachbarhaus wohnte. Auch er ist sieben Jahre alt.

Jetzt wohnen die Gandhis in Rajkot, 180 Kilometer weiter im Inneren der Provinz Gujerat. Beide Familien gehören der Händler-Kaste, den Banias an. Gleiche Kastenzugehörigkeit ist nach Hinduvorstellung die wichtigste Voraussetzung für eine gute Ehe. Kasturbas Vater, selbst wohlhabend und geschäftstüchtig, weiß die Vorzüge der Gandhi-Familie zu schätzen. Mohandas Vater hat politischen Einfluß. Er ist Dewan, nimmt die Stellung eines Ministers und Beraters beim Fürsten von Rajkot ein. Geld und Macht – eine ideale Verbindung. Die Angehörigen beider Familien können mit ihrer Wahl zufrieden sein. Priester und Astrologen sagen nach genauem Studium der Horoskope der Kinder eine glückliche gemeinsame Zukunft voraus.

Als Kasturba und Mohandas 1876 verlobt werden, kennen sie sich kaum. Sie wissen noch nicht einmal, daß sie offiziell versprochen sind. Die Verhandlungen werden von den Erwachsenen geführt.

Mohandas ist ein unauffälliger, bescheidener Knabe von mittelmäßiger Begabung. Später gesteht er freimütig, daß er in der Schule sogar mit dem Einmaleins Schwierigkeiten gehabt habe. Das Denken sei ihm schwergefallen und sein Gedächtnis sei schlecht gewesen. Nach dem Umzug seiner Familie nach Rajkot, wo er mit zwölf Jahren die höhere Schule besucht, sei er ein mittelmäßiger Schüler geblieben. Aber er habe nie gelogen, soweit er sich erinnern könne, und sei sehr schüchtern gewesen.

Kasturba hat nie eine Schule besucht, sie kann weder lesen noch schreiben. Obwohl es in der zweiten Hälfte des vorigen Jahrhunderts in Indien längst Schulen und Universitäten nach westlichem Vorbild gibt, halten die meisten Familien an der traditionellen Erziehung ihrer Kinder fest. Vor allem die Frauen wehren sich gegen die neue Art der Schulausbildung. Veränderungen waren ihnen schon immer suspekt. Schulen und Colleges, wie sie nach Errichtung der britischen Kolonialherrschaft in Indien eingerichtet werden, sind es in besonderem Maße. Sich die Lebensweise der fremden Herren und ihrer Frauen zum Vorbild zu nehmen, lehnen Inderinnen ab. Daß die europäischen Frauen lesen und schreiben können, macht keinen Eindruck auf sie.

So wird Kasturba in ihrem Elternhaus nach traditionellen Vorstellungen unterwiesen. Sie lernt kochen, um die strengen Diätvorschriften ihrer Kaste einhalten zu können. Die religiösen Regeln der Reinhaltung gelten als besonders wichtig, und Frauen müssen sie bis ins kleinste beherrschen. Was als „rein" oder als „unrein" gilt, ist den Kasten seit Jahrhunderten vorgeschrieben. Zum Beispiel dürfen Hindus höherer Kasten nicht mit Unberührbaren zusammen essen. Wer gegen die Gesetze der Reinheit auf diese Weise verstößt, kann sich nur durch rituelle Waschungen wieder säubern.

Das wichtigste aber ist zu wissen, wie man den zukünftigen Ehemann zufriedenstellt. Für eine tugendhafte und keusche Frau, die ihren Mann liebt, besteht das höchste Gebot darin, sich nach seinen Wünschen zu richten. So, „als wäre er göttlich", wie es der Autor des Kamasutra, des Lehrbuches über die Liebe, schon vor vielen hundert Jahren ausdrückte. Der Mann ist als Oberhaupt der Familie Mittelpunkt im Haus, nach ihm müssen sich alle richten. Ihm werden die Mahlzeiten zuerst serviert. Danach essen Frauen, Mädchen und kleine Jungen im Frauenteil des Hauses.

Kasturba lernt auch, daß die Frau dem Mann zu gefallen hat. Um das zu erreichen, darf sie weder Zeit noch Mühe scheuen. Die traditionelle Schönheitspflege kennt viele Rezepte für wirkungsvolle Mittel. Öle und Blütenblätter als wohlriechende Parfüms, die das Haar glänzend und die Haut geschmeidig machen, Mixturen, die Rötungen auf den Fußsohlen hervorrufen, was als besonderes Schönheitsmerkmal gilt.

Gewissenhaft werden Mädchen auch in *Purda*-Regeln unterwiesen. Wer als Frau die Regeln nicht einhält, bringt die Familie des Mannes ins Gerede. *Purda* heißt Vorhang, und die Regeln, die zu beachten sind, beruhen auf der Trennung der Geschlechter. Frauen dürfen keinen Kontakt mit fremden Männern haben und unter keinen Umständen in der Öffentlichkeit auffallen. Außerhalb des Hauses gilt lautes Lachen bereits als anstößig, da es die Blicke fremder Männer anziehen könnte.

Frei und ungezwungen fühlen sich die Frauen nur, wenn sie unter sich sind. Und deshalb nutzen sie jede Gelegenheit, sich gegenseitig zu besuchen. Kasturba begleitet ihre Mutter oft, wenn sie in einem Wagen mit zugezogenen Gardinen zum Haus einer Freundin fährt. Den Blicken Femder dürfen sie auf der Fahrt nicht ausgesetzt sein. Das wäre unschicklich, genau wie die Begegnung mit dem Hausherrn oder anderen männlichen Mitgliedern im Haus, das man besucht. Diese strengen Vorschriften empfinden die Frauen als Schutz, der ihnen ein Gefühl der Sicherheit gibt.

Sie leben in ihrer eigenen Welt nach Regeln, die die Hindugesellschaft vor vielen Jahrhunderten aufgestellt hat. Ihre Welt ist klein, ihre Probleme drehen sich um das Leben in der Familie. Wie sehr sich ihre Ideale, ihre Ziele von denen der Kolonialherren unterscheiden wird ihnen bewußt, als die Engländer die Witwenverbrennung verbieten und unter strenge

Strafe stellen. Was für die Kolonialherren ein grausamer, verabscheuungswürdiger Brauch unaufgeklärter Exzentriker ist, empfinden indische Frauen der damaligen Zeit als den einzigen Ausweg, sich nach dem Tod ihres Mannes vor einer trostlosen Zukunft zu bewahren.

Auch Kinderehen, die im vorigen Jahrhundert bei den meisten Hindufamilien geschlossen werden, versucht die englische Verwaltung abzuschaffen. Auf dem Subkontinent gelten sie aber als einzige Methode, die Keuschheit einer Braut vor der Ehe zu bewahren. Denn je früher ein Mädchen verheiratet wird – manchmal schon mit sieben oder acht Jahren – um so größer ist die Sicherheit, daß sie unberührt ist. Das Leben in der Großfamilie, in der viele Generationen unter einem Dach wohnen und verheiratete und ledige Söhne, heranwachsende Enkelsöhne und oft auch Neffen in unmittelbarer Nähe von jungen Mädchen leben, kann jeden Tag Versuchungen bringen. Und wenn ein Mädchen vor der Eheschließung ihre Jungfräulichkeit verliert, ist sie nach Vorstellung der Hindus für immer verloren. Auch spätere Wiedergeburten können keine Errettung mehr bringen.

3.

Die Braut

1882 werden in Kasturbas Elternhaus große Vorbereitungen für ein Fest getroffen. Beratungen mit Priestern, Verhandlungen mit der Frau des Barbiers, alles deutet auf ein wichtiges Ereignis hin. Erst jetzt erfährt die Dreizehnjährige, daß es ihre eigene Hochzeit sein wird und daß vor Jahren schon Mohandas Gandhi zu ihrem Ehemann ausgewählt wurde.

Hochzeiten sind in Hindufamilien kostspielige Ereignisse. Ob arm oder reich, jeder Vater fühlt sich verpflichtet seiner Tochter eine prächtige Hochzeit auszurichten. Daran hat sich in Jahrhunderten nichts geändert. Daß viele Familien hinterher vor dem finanziellen Ruin stehen und jahrelang unter der Last der Schulden leiden, wird hingenommen. Gandhi äußert sich sehr kritisch über die Art, wie Hindus Hochzeiten feiern. Auch seine eigene Hochzeit schließt er mit ein. In seinen Memoiren schreibt er:

„Ich wünschte sehr, daß ich dies Kapitel nicht zu schreiben brauchte. Aber ich kann nicht anders, da ich von mir behaupte, der Wahrheit zu dienen. So ist es meine schmerzliche Pflicht über meine Hochzeit im Alter von dreizehn Jahren zu berichten. Man wird sich erinnern, daß wir drei Brüder waren. Der älteste war bereits verheiratet. Die Eltern entschieden nun, daß mein zweiter Bruder, der zwei oder drei Jahre älter war als ich, ein Vetter von mir, der ungefähr ein Jahr älter war und ich gleichzeitig heiraten sollten. Es ging dabei nicht um uns oder um unsere Wünsche. Es ging ausschließlich darum, daß es praktisch war und Kosten sparte."

„Hochzeiten werden bei Hindus gut vorbereitet," fährt Gandhi fort. „Die Eltern der Braut und des Bräutigams bringen sich oft an den Ruin. Sie vergeuden ihr Vermögen, sie vergeuden ihre Zeit. Die Vorbereitungen dauern Monate. Kleider und Dekorationen werden angefertigt, das Festessen zusammengestellt. Jeder versucht den anderen durch die Auswahl der Gerichte und die Zahl der Gänge zu übertreffen. Frauen singen solange bis sie heiser sind. Selbst dann, wenn sie keine schöne Stimme haben. Sie stören damit den Frieden der Nachbarn. Aber die Nachbarn ertragen Unruhe und Lärm, sowie Schmutz und Unrat, der hinterher übrigbleibt, in dem Bewußtsein, daß vielleicht eine Zeit kommt, in der sie sich genau so verhalten werden."

Dewan Gandhi, der Vater des Bräutigams, hat einen gesunden Menschenverstand und viel Sinn fürs Praktische. „So wird es weniger kosten, und das Aufsehen bleibt trotzdem groß... man kann das Geld großzügig ausgeben, wenn man es nur einmal macht und nicht dreimal," soll er gesagt haben.

Mit welchem Aufwand Hochzeiten ausgerüstet werden, bleibt in damaliger Zeit aber nicht allein den Eltern der Brautleute überlassen. Der Ältestenrat ihrer Kaste, der *Panchayat*, hat ein wichtiges

*Mohandas und Kasturba, beide barfuß,
kurz nach ihrer Rückkehr nach Indien. (1915)*

Wort bei der Planung mitzureden. Beide Väter müssen vor den Ratsmitgliedern erscheinen, um ihre Pläne bekanntzugeben. Dewan Gandhi in Rajkot, Kasturbas Vater in Porbandar. Bis in alle Einzelheiten wird geprüft, ob der Festverlauf mit den vorgeschriebenen Richtlinien übereinstimmt. Wieviele Gäste geladen werden, wie das Festessen zusammengestellt ist und welche Art von Unterhaltung für die Gäste geplant ist – alles bedarf der Zustimmung und muß den finanziellen und gesellschaftlichen Stellungen der Familien entsprechen. Wer versucht, am Festessen zu sparen, bekommt die Auflage, in naher Zukunft weitere Essen zu geben. Solange, bis die vom *Panchayat* festgesetzte Summe ausgegeben ist.

Den Makanjis und den Gandhis werden solche Auflagen nicht gemacht. Sie richten die Hochzeit ihrer Kinder von sich aus so prunkvoll wie möglich aus. Hunderte von Gästen werden geladen, zusätzliche Hilfskräfte eingestellt, um zu servieren und für das Wohl der Gäste zu sorgen. Trommler, Flötenspieler und Sänger werden unter Vertrag genommen, um alle mit ihren Darbietungen zu unterhalten.

Als der festgesetzte Tag näherrückt, reisen die Gandhis in schnellen Kutschen nach Porbandar. Mit Ochsenkarren braucht man fünf Tage für die Reise, die Gandhis schaffen es in drei Tagen. Nach Geschlechtern getrennt reisen sie in verschiedenen Wagen. Unterwegs überschlägt sich der Wagen des Dewan. Er wird verletzt und hat große Schmerzen. Aber er läßt sich nicht aufhalten. „Jetzt oder nie soll die Zeremonie stattfinden," meint er und setzt die Reise nach Porbandar fort.

In dem Haus, das für den Aufenthalt gemietet ist, werden die Knaben vom Barbier für die Hochzeitszeremonie vorbereitet. Gebadet, frisiert und in kostbare Hochzeitsgewänder gekleidet, brechen sie von hier aus in buntbemalten Sänften zum Haus ihrer Braut auf. Begleitet werden sie von Musikanten, Familienmitgliedern und Hochzeitsgästen. Drei lange Züge bewegen sich langsam durch Straßen und Gassen von Porbandar, jeder von einem Bräutigam angeführt. Mohandas ist der jüngste, noch nicht ganz dreizehn Jahre alt. Zum ersten Mal in seinem Leben fühlt er sich als Mittelpunkt und ist hocherfreut über die Aufmerksamkeit, die ihm zuteil wird.

Dewan Gandhi hat in der Zwischenzeit Körbe mit Schmuckstücken in Kasturbas Elternhaus tragen lassen. Geschenke an die Braut seines Sohnes. Von nun an gilt der Schmuck als persönliches Vermögen der Braut.

Kasturba und die beiden anderen Bräute sind mit Verwandten und Freunden zur gleichen Zeit unterwegs. Auch sie in geschmückten Sänften und von Musikanten begleitet. Am Hochzeitspavillon erwartet Mohandas seine Braut. Sie haben sich bisher noch nie mit Bewußtsein gesehen. Unter Gebeten beginnt eine lange Zeremonie, bei der Kasturbas Sari mit dem Halstuch des Jungen zusammengebunden wird. Dann reicht Mohandas seiner Braut ein Schmuckstück und seine Mutter legt die Hände der beiden Kinder ineinander. Verheiratet sind sie, nachdem sie gemeinsam sieben Schritte um den Hochzeitspfahl gegangen sind.

Dreißig Jahre später erinnert sich Mohandas daran, einen „Ausdruck der Zufriedenheit" auf dem Gesicht seines Vaters gesehen zu haben und daß er selbst „alles wundervoll, richtig, ordentlich und angenehm" fand.

Die Feiern dauern eine Woche und die Gäste werden aufs beste bewirtet und unterhalten. Aber das Brautpaar wird gleich nach der Zeremonie weggeschickt, um Mann und Frau zu werden. Zum ersten Mal stehen sie sich allein gegenüber, zum ersten Mal schauen sie sich an, beide verängstigt und unsicher.

Gandhi hat die Szene später beschrieben. „Völlig ahnungslos stürzten zwei unschuldige Kinder in den Ozean des Lebens," sagt er. „Die Frau meines Bruders hatte mich aufgeklärt, wie ich mich in der ersten Nacht zu verhalten habe. Ich weiß nicht, wer meine Frau aufgeklärt hatte. Ich habe sie nie danach gefragt und werde es auch jetzt nicht tun. Aber ich kann meinen Lesern versichern, daß wir uns vor Nervosität kaum ansehen konnten. Wir waren viel zu schüchtern. Wie sollte ich mit ihr reden, was sollte ich sagen? Alle Aufklärung half mir nicht weiter..."

Man hatte Mohandas versprochen, daß nach den Festlichkeiten das „fremde Mädchen eine Spielgefährtin" für ihn sei. Ein Versprechen, das ihm sehr schön erscheinen mußte, denn bisher hatte er kaum Spielkameraden gehabt und auch nie den Mut gefunden, welche zu suchen.

Wie es Kasturba, der Kind-Frau zumute ist, wissen wir nicht. Der schüchterne, spindeldürre Knabe mit dem blassen Gesicht, den durchlöcherten Ohren, der großen Nase und dem sinnlichen Mund wirkt nicht sehr anziehend auf sie. Aber sie fügt sich in ihr Schicksal.

Als die Feiern vorüber sind muß Kasturba Abschied nehmen. Für sie endet mit dem Hochzeitstag das sorgenfreie, unbeschwerte Leben im Elternhaus. Sie gehört jetzt zur Familie der Gandhis. Bei der Abreise ist sie sicher nicht glücklich. Indische Bräute sind das selten, denn sie wissen, daß die nächsten Monate schwer sein werden. Als Fremde in einer fremden Umgebung werden sie beobachtet und abgeschätzt. Erst wenn sie sich bewährt haben, werden sie voll von der Familie des Mannes akzeptiert.

Während der Fahrt nach Rajkot sitzen Kasturba und Mohandas nicht zusammen. Die junge Frau muß im Wagen der Schwiegermutter Platz nehmen. So reist sie bangen Herzens einer Zukunft entgegen, von der die Priester und Astrologen gesagt haben, daß sie glücklich sein wird.

4.

Mohandas Vorstellung
von der idealen Ehefrau

Mohandas sieht das Idealbild der Frau in seiner Mutter. Ihre asketische Lebensweise, die Gewissenhaftigkeit mit der sie Fastenzeiten einhält, sich sogar zusätzliche auferlegt, gibt ihr in seinen Augen das Ansehen einer Heiligen. Als jüngstes, seit der Geburt kränkelndes Kind, war er ständig in ihrer Nähe gewesen. Wenn sie das Haus verließ, blieb er lieber allein, als daß er die Gesellschaft anderer suchte.

Nach seiner Hochzeit bewohnt er mit Kasturba ein Zimmer im Haus der Eltern. In indischen Großfamilien leben meistens mehrere Generationen unter einem Dach. Der Raum ist dementsprechend eng und Rücksichtnahme auf andere Familienmitglieder ist oberstes Gesetz. Für die jungen Eheleute gibt es wenig Gelegenheit, Zuneigung oder Wärme füreinander zu entwickeln und zu zeigen. Eine derartige Demonstration der Gefühle wäre unschicklich. Sie hätten ohnehin kaum Zeit dazu, denn Mohandas besucht den ganzen Tag über die Schule.

So ist Kasturba allein und muß unter Anleitung der Schwiegermutter lernen, sich dem Lebensstil der Gandhis anzupassen. Sie merkt bald, daß er sich grundlegend von den Gewohnheiten im eigenen Elternhaus unterscheidet. Als Tochter eines reichen

Kaufmanns ist sie daran gewöhnt die Freuden des Alltags zu genießen. Ihr Vater sah es gern, wenn seine Familie die Früchte seines geschäftlichen Erfolgs auskostete. Einfachheit hat Kasturba zu Hause nicht kennengelernt.

Im Haus der Gandhis werden alle Mitglieder zur Sparsamkeit angehalten. Das Einkommen von Dewan Gandhi ist bescheiden und Mohandas Mutter muß gut haushalten, um die Mitglieder der Großfamilie beköstigen und kleiden zu können. Kasturbas Tage nehmen jetzt einen ganz anderen Verlauf als früher, im Haus des Vaters. Wenn die aufgetragenen Hausarbeiten verrichtet sind, unterweist Mohandas Mutter ihre jungen Schwiegertöchter darin, wie sie ein wohlgefälliges Leben zu führen haben. Auf kostbare Kleider, Schmuck und andere materielle Güter sollten sie verzichten können und sich mehr der geistigen Welt zuwenden, wird ihnen ans Herz gelegt. Jeden Tag erfolgen derartige Unterweisungen, bei denen auch alte Legenden erzählt und Hymnen gesungen werden.

Ob Kasturba diesem Frauenideal je gleichen wird, ist fraglich. Mohandas erkennt das bald. Aber er versäumt keine Zeit, seine junge Frau zur „idealen" Hindufrau zu machen. Er hat genaue Vorstellungen vom Eheleben. Seine eigene Mutter vor Augen und mit theoretischen Kenntnissen, die er sich aus Schriften über Liebe und Treue angelesen hat, versucht er Kasturba zu formen. Er, ein ängstlicher Knabe, der sich vor der Dunkelheit, vor Dieben und Schlangen fürchtet, entspricht kaum dem strahlenden Bild, das sich ein junges Mädchen von ihrem Mann macht. Aber er will, daß Kasturba vollkommen ist, in jeder Beziehung. Absolute Treue soll sie ihm halten, sich ihm in völligem Gehorsam unterordnen, weder das Haus verlassen, noch den Tempel besuchen, ohne seine ausdrückliche Erlaubnis. Sie soll sein, wie es die Tradition der Hindus seit Jahrhunderten verlangt.

Zu den vielen Menschen, die mir ihre Erinnerungen an Kasturba erzählen, gehört Frau Dr. Sushila Nayar. Sie ist Ärztin und Universitätsprofessorin und war lange Zeit Gesundheitsministerin im Kabinett Indira Gandhis. Es ist nicht einfach sie zu treffen, denn sie reist ständig im Land herum, hält Vorlesungen und Vorträge, und ihr Terminkalender ist auf Wochen im voraus ausgefüllt. Aber schließlich klappt es doch und ich sitze ihr in ihrem Büro am Shankar-Markt in Neu Delhi gegenüber.

Es herrscht ein höllischer Lärm, man kann sein eigenes Wort kaum verstehen. Der große Raum ist nur mit Schränken unterteilt und man hört das Klappern der Schreibmaschinen ihrer Mitarbeiter und das schrille Telefonklingeln. Die Fenster sind geöffnet. Von der einen Seite sind die Geräusche des Rangierbahnhofs und das Pfeifen der Lokomotiven zu hören, von der anderen Seite das Hupen von Autos. Der Shankar-Markt ist einer der verkehrsreichsten Knotenpunkte in der Hauptstadt.

Sushila Nayar ist eine gebildete, moderne Hindufrau. An den Traditionen hält sie bewußt fest und hat gerade soviel westliche Eigenarten übernommen, wie sie in ihrem Leben als Ärztin und Wissenschaftlerin in einem asiatischen Land braucht.

Obwohl sie Kasturba erst in einem späteren Lebensabschnitt kennenlernte, ihre Freundin und Ärztin wurde, weiß sie doch viel über die frühen Ehejahre der jungen Gandhis. Denn sie war die erste, die nach dem Tod Kasturbas, auf ausdrücklichen Wunsch Gandhis, eine Biographie über sie schrieb.

Ich merke bald, daß sich Sushila Nayar bei aller Verehrung, die sie für Gandhi empfindet, ihr kritisches Urteil bewahrt hat. Hat der Schüler Mohandas nicht übertrieben, als er jeden Schritt von Kasturba kontrolliert und sie zur perfekten Hindufrau machen will, frage ich.

„Gewiß hat er das," meint sie. „Er versuchte sich als Ehemann aufzuspielen und seine Frau sollte ihm gehorchen. Aber sie tat es nicht. ‚Wenn ich in den Tempel gehe, brauch ich dich nicht zu fragen und wenn ich meine Eltern besuche, auch nicht', sagte sie. ‚Warum sollte ich?'"

Es macht Sushila Nayar offensichtlich Spaß zu erzählen, wie Kasturba ihren Kopf durchsetzt. Denn sie besucht den Tempel, wann immer sie Lust dazu hat. Sie ist in *Purda*, in der Abgeschiedenheit von der Außenwelt und von fremden Männern aufgewachsen. Der Tempelbesuch ist für sie nicht nur religiöse Pflicht und Erbauung und deshalb behüteten, anständigen Frauen erlaubt, er ist auch eine willkommene Abwechslung. Und so besucht sie die Gottesdienste, ohne Mohandas ausdrückliche Erlaubnis.

Wie Gandhi später selbst gesteht, wird er in den ersten Ehejahren von krankhafter Eifersucht gequält. Und er schwelgt im Sex, nachdem er ihn entdeckt hat. Kasturba ist es zu verdanken, daß die Ehe trotz Mohandas Ansprüchen für beide erträglich bleibt. Wenn die Spannungen zwischen ihnen zu groß werden, zieht sie sich zurück und besucht ihre Eltern. Sie widersetzt sich auf freundlich bestimmte Art, ohne laut zu werden, ohne Szenen zu machen. Zur Eifersucht hat sie ihrem jungen Ehemann keinen Anlaß gegeben, seine Verdächtigungen sind ohne Grund. Erst sehr viel später sieht Gandhi das ein und bereut sein Verhalten.

„Nur eine Hindufrau kann solche Qualen ertragen," schreibt er. In der Frau sieht er die Verkörperung der Toleranz. „Wenn der Mann ihr Untreue vorwirft, ist sie verloren. Wo könnte sie hingehen? Eine Hindufrau kann vor keinem Gericht eine Scheidung erreichen. Das Gesetz schützt sie nicht. Ich werde mir nie verzeihen, meine Frau in solche Verzweiflung getrieben zu haben."

Bald kommt Mohandas auf die Idee, Kasturba lesen und schreiben zu lehren. So könnte er jede freie Minute mit ihr teilen und seine Gedanken mit ihr austauschen. Aber sie ist desinteressiert. Ihre Unbildung stört sie nicht. Mohandas muß seinen Plan aufgeben.

Kasturba ist in den ersten Ehejahren sehr anziehend. Mohandas ist von ihrem Charme und ihrem Liebreiz gepackt, er denkt ständig an sie. In der Schule ist er unkonzentriert. Er fällt durch sein Examen. Als Dewan Gandhi erkrankt, wird er von seiner Familie gepflegt. Auch Mohandas hilft. Jeden Tag besorgt er frische Heilkräuter, die für Medizinen gebraucht werden. Wenn es nötig ist, massiert er seinen Vater, um das lange Liegen erträglicher zu machen. Aber selbst im Krankenzimmer ist er mit seinen Gedanken bei Kasturba, die im Nebenzimmer schläft. Er kann es kaum erwarten seinen Platz am Krankenlager einem anderen Familienmitglied zu übergeben, um zu ihr zu eilen. Kasturba ist schwanger. Mit 16 Jahren, nach dreijähriger Ehe. Als sein Vater stirbt, ist Mohandas mit Kasturba zusammen. Daß er selbst in der Todesstunde des Vaters sein sexuelles Verlangen nicht unterdrücken kann, hat er sich Zeit seines Lebens nicht verziehen. Er entwickelt ein Trauma.

„Es ist ein Schandfleck," gesteht er in seinen Memoiren, „den ich nie auswischen oder vergessen kann. Ich habe immer geglaubt, daß die Verehrung für meine Eltern keine Grenzen kannte. Aber sie wird dadurch belastet, daß meine Gedanken gleichzeitig von Lust erfüllt waren. So halte ich mich denn für einen lüsternen, wenn auch treuen Ehemann. Ich brauchte lange, um mich von den Fesseln der Lust zu befreien und ich mußte viele Prüfungen bestehen, bis ich es erreichte."

Während der junge Gandhi versucht mit seinen Schuldgefühlen fertig zu werden, bricht über Kasturba großes Unglück herein. Sie hat eine Frühgeburt. Ihr winziges, schwächliches Baby stirbt wenige Tage nach der Geburt. Selbst noch ein Kind, muß Kasturba ihr erstes Kind begraben. Um verbrannt zu werden, hatte es zu kurze Zeit gelebt.

Die Begleitumstände bei Geburten sind in damaliger Zeit haarsträubend. Die Vorstellung, daß Geburten verunreinigen, sind der Grund dafür, daß ein möglichst abseits liegender, enger, fensterloser Raum für die Entbindung vorgesehen ist. Alle, die bei der Geburt helfen, „verunreinigen" sich und so wird der Beruf der Hebamme von Unberührbaren ausgeübt. Ihre Kenntnisse sind unzureichend und ihre Instrumente bestehen oft nur aus einem gewöhnlichen Messer zum Durchschneiden der Nabelschnur.

Von der übrigen Familie isoliert bringt Kasturba ihr erstes Kind zur Welt. Wie jede andere Hindufrau hat sie den sehnlichen Wunsch, daß es ein Sohn sein möge. Als sie den winzigen Knaben dann endlich in ihren Armen hält, nachdem er mit Sand und Öl gereinigt ist, mag sie für kurze Zeit glücklich sein. Aber der Tod ihres Sohnes stürzt sie in tiefe Verzweiflung. Zusätzlich zu ihrem eigenen Schmerz über den Verlust ist sie sich bewußt, daß kinderlose Hindufrauen als Schädling der Familie gelten und den Unwillen der Götter auf sich ziehen.

Kasturbas Freunde versichern mir, daß sie ihr Unglück damals tapfer und still getragen hat. Ich muß es ihnen glauben, denn in den wenigen Aufzeichnungen, die es über Kasturba gibt, erfährt man nichts über ihre Gefühle zu dieser Zeit.

5.

Jahre der Trennung – Jahre der Wandlung

Drei Jahre später, Mohandas und Kasturba sind nun 19 Jahre alt, erwartet die junge Frau wieder ein Kind. Erklärter Mittelpunkt der Familie ist zu dieser Zeit Mohandas. Seine Zukunft wird geplant. Er soll in die Fußstapfen seines verstorbenen Vaters treten und Dewan, Berater und Minister des Herrschers von Rajkot werden. Ein Jurastudium in London – so meinen Brahmanen-Freunde der Familie – wäre die richtige Grundlage für seine Karriere.

Es dauert lange, bis sich Mohandas Mutter dazu durchringen kann, den jüngsten Sohn auf die weite Reise zu schicken. Noch nie ist jemand aus Rajkot in ein fremdes Land gereist. Die Versuchungen, denen Mohandas dort ausgesetzt wäre, würden ihn ständig in Gefahr bringen. Auch die Finanzierung der Reise bringt Schwierigkeiten. 5000 Rupien, so meinen die Berater der Familie, würde Mohandas brauchen. Diese Summe können die Gandhis nicht aufbringen. Da kommt Mohandas auf die Idee, die Reisekosten mit Kasturbas Schmuck zu finanzieren.

Kasturba ist entsetzt über das Ansinnen. Der Vorschlag erscheint ihr ungeheuerlich. Sie würde ihr Erbe verlieren, arm sein, und jeder könnte es sehen. Denn die Frauen in Indien tragen ihren Schmuck um zu zeigen, daß sie Besitz haben und wirtschaftlich gesichert sind. Knöchelreifen aus Silber, Halsketten mit Edelsteinen und ziselierte Ohrgehänge sollen sie nicht nur schmücken, sie sollen dokumentieren wie vermögend die Trägerin ist. Bis vor kurzer Zeit noch wurde Mädchen der Anteil am väterlichen Erbe in Schmuck gezahlt. Haus- und Grundbesitz erbten ihre Brüder. Kein Wunder, daß sich Kasturba dem Plan ihres jungen Ehemannes widersetzt.

Mohandas Brüder zeigen Verständnis für den Protest der Schwägerin und versprechen, die nötigen Mittel auf andere Weise aufzutreiben. Aber da tauchen neue Schwierigkeiten auf. Mohandas wird vom Ältestenrat der Kaste, dem *Panchayat,* aufgefordert, Auskunft über seine Pläne zu geben. In Bombay kommt es zu einem dramatischen Treffen, bei dem Gandhi erfährt, daß er zum Kastenlosen erklärt wird, falls er die Reise antritt. Wieder hört er die gleichen Argumente wie zu Hause bei seiner Mutter. Das Leben im fremden Land mit allen Gefahren der Verunreinigung durch ständige Berührung mit Ungläubigen und falschen Nahrungsmitteln sei mit dem Hinduglauben nicht zu vereinbaren, wird ihm erklärt. Alle Versprechungen Mohandas sich rein zu halten, nützen nichts. Selbst der Hinweis, daß er seiner Mutter einen Eid geschworen hat weder Fleisch und Wein noch fremde Frauen anzurühren, kann den *Panchayat* nicht überzeugen.

Er wird zum Kastenlosen erklärt. Und das heißt: jeder Kontakt mit ihm bedeutet Verunreinigung. Keiner seiner Verwandten und Freunde darf ihn zum

Schiff begleiten, keiner je wieder mit ihm zusammen essen.

Seines Rückhalts beraubt, den jeder Kastenhindu in der Gemeinschaft seiner Kaste findet, und unsicher, was ihn ihm fremden Land erwarten wird, tritt er die Seereise an. Kurz vorher erfährt er, daß Kasturba in Rajkot einen Sohn geboren hat.

Über die Geburt des Kindes herrscht große Freude. Es wird Harilal genannt. Voll Stolz übernimmt Kasturba die neue Aufgabe das Kind zu erziehen. Durch die Geburt des Sohnes hat sie nach traditioneller Vorstellung die Leistung vollbracht, die man von ihr als Frau erwartet. Sie hat einen Sohn geboren. Harilal ist ihr erster persönlicher Erfolg.

Kasturbas Beziehungen zu ihrer Schwiegermutter sind eng und herzlich. Obwohl beide Frauen ganz verschiedene Temperamente und Charaktere haben, finden sie sich in der Aufgabe, den kleinen Harilal zu versorgen. Mohandas Mutter hat in Kindererziehung viel Erfahrung, schließlich hat sie selbst eine Tochter und drei Söhne großgezogen. Ihr Rat ist Kasturba eine große Hilfe.

Nach traditionellen Hinduregeln wird Harilal erzogen. Viele haben auch heute noch Gültigkeit. So trennt sich Kasturba in der ersten Zeit nur selten von ihrem Sohn. Liebe und Zuwendung indischer Mütter zu ihren Kindern sind beispielhaft. Von der Schwiegermutter und anderen Mitgliedern der Großfamilie unterstützt, erfährt Harilal von den ersten Lebensmonaten an Geborgenheit und Nestwärme. Hindus entwickeln daher eine starke Zuneigung zur Mutter, empfinden Dankbarkeit und eine gewisse Sicherheit, die sie manchmal sogar tyrannisch werden läßt. Vierundzwanzig Stunden am Tag werden sie versorgt und umhegt. Nachts schlafen sie meistens im Bett der Mutter, sodaß der Kontakt nie unterbrochen wird.

Im Alter von zwei Jahren wird Harilal in den Tabus unterwiesen, die er sein Leben lang zu beachten haben wird. Er lernt zum Beispiel nur mit der rechten Hand zu essen, die linke wird für unreine Verrichtungen benutzt. Er wird angehalten nicht zu niesen, bevor Gebete gesprochen werden – weder im Tempel noch bei der Andacht im Haus. Schon in jungen Jahren nimmt er an Gottesdiensten teil, um zu erfahren, wie Opfer gebracht werden. Am Beispiel seiner Mutter und seiner Großmutter lernt er korrektes Verhalten.

Drei Jahre lang wird Harilal ausschließlich von Frauen betreut. Da kehrt 1891 Mohandas, der junge Vater, aus England zurück. Er hat sein Examen mit Auszeichnung bestanden und ist Advokat. Kurz vor seiner Ankunft ist seine Mutter gestorben, die für ihn das Vorbild der guten Hindufrau verkörperte. Sein Bruder, der nun Familienoberhaupt ist, rät ihm, sich mit den Kastenältesten in Bombay auszusöhnen. Ein Bad im heiligen Fluß und ein Versöhnungsessen für die Kastenmitglieder, zu dem Mohandas als Büßer erscheint, bewirken, daß er wieder in seine Kaste aufgenommen wird. Er kann beruhigt nach Rajkot reisen.

Zu Hause wird Mohandas mit Bewunderung empfangen. Alle glauben, daß seine Ausbildung in

Europa, das erfolgreich abgeschlossene Studium eine steile Karriere versprechen.

Auch Kasturba erwartet freudig seine Rückkehr. Endlich kann sie mit Mann und Sohn wie eine richtige Familie leben, alle drei vereint. Sie ahnt nicht, daß sie die gleichen Quälereien erwarten, die sie schon als Kind-Frau ertragen mußte. Gandhis Eifersuchtsszenen beginnen von neuem. In seinen Memoiren gesteht er:

„Mein Verhältnis zu meiner Frau war immer noch nicht so, wie es sein sollte. Selbst der Aufenthalt in England hatte mich nicht von meiner Eifersucht geheilt. Ich war weiter beim kleinsten Anlaß empfindlich und mißtrauisch. Meine lang gehegten Wünsche erfüllten sich nicht..."

Aber damit nicht genug. Gandhi hat in England gebildete, moderne Frauen kennengelernt, die großen Eindruck auf ihn machten. Sein Bild von der idealen Frau hat sich geändert, und er geht nun daran, Kasturba neu zu formen. Sie soll begreifen, wer ihr Mann ist, welchen Einfluß er ausüben kann, welche Position er einnehmen kann. Sie soll lesen und schreiben lernen, für moderne, neue Ideen aufgeschlossen sein. Der Haushalt soll jetzt beispielsweise nach englischem Vorbild geführt werden. Aber Kasturba läßt sich von Gandhis Vorschlägen nicht beeindrucken. Daß die intellektuelle Kluft zwischen ihr und ihrem Mann größer geworden ist, stört sie nicht. Genau wie in früheren Jahren weigert sie sich lesen und schreiben zu lernen. Sie lehnt es auch ab, den Haushalt nach seinen modernen Vorstellungen zu führen. Daß Gandhi selbst sich verändert hat, daß seine Erscheinung ihr fremd geworden ist, nimmt sie gelassen hin. Mit einem weißen Lendentuch und dem reich gefalteten Turban seiner Kaste war er abgereist, mit europäisch geschnittenen Beinkleidern, geputzten Lederschuhen, steifem Kragen und Krawatte kehrt er zu ihr zurück. Daran kann sie nichts ändern. Aber seine englischen Gewohnheiten jeden Tag Porzellan zu benutzen, Kakao und Porridge zum Frühstück zu essen und mit ihrem Sohn jeden Morgen Freiübungen zu machen, finden bei ihr keine Zustimmung. Auch sein Argument, daß alle von den englischen Gebräuchen, die er in London kennengelernt hat, profitieren sollen, überzeugt sie nicht. Vor allem, weil die ungewöhnliche Nahrung und die veränderte Kleidung die Haushaltskosten sprunghaft ansteigen lassen. Es ist ihr ein Rätsel, wo das Geld dafür herkommen soll.

K. P. Thomas, der wie Sushila Nayar zu den ersten Autoren gehört, die Kasturbas Leben beschrieben haben, sieht in ihr ein typisches Beispiel für die vielen stillen, unauffälligen Frauen, die immer die Pfeiler gesellschaftlicher Stabilität sind – Eigenschaften, die den Inderinnen mit ihrer Abneigung gegen jegliche Veränderung zu allen Zeiten nachgesagt werden. Trotz aller Ergebenheit ihrem Mann gegenüber habe sich Kasturba den Stürmen, die in ihrem häuslichen Leben tobten, widersetzt. Und Gandhi habe seine Erkenntnisse und Belehrungen über das Leben aus dem Verhalten seiner Frau gelernt. Nämlich, daß Liebe und Wahrheit zum Schluß über alles andere siegen.

Indische Großfamilien haben einen festen Zusammenhalt. Das Familienoberhaupt bestimmt über alle wirtschaftlichen und persönlichen Fragen. Die Gandhis in Rajkot sind darin keine Ausnahme. Seit dem Tod von Dewan Gandhi ist Mohandas ältester Bruder Familienoberhaupt und er erwartet, daß sich Gandhi für die jahrelangen Studienzuschüsse revanchiert und die Hauptlast der Haushaltskosten übernimmt. Aber Mohandas hat keine Einkünfte. Trotz seiner Juraausbildung findet er keine Auftraggeber. Selbst als einfacher Angestellter will niemand seine Dienste in Anspruch nehmen. Er hat keinen Erfolg. Es dauert nicht lange, da halten ihn seine Freunde und Verwandten für einen Versager. Einen Unterhaltsbeitrag an die Großfamilie zu leisten ist ihm unmöglich. Er kann noch nicht einmal sich, Kasturba und das Kind ernähren.

In dieser kritischen Zeit wird Kasturbas zweiter Sohn, Manilal, geboren. Das Ereignis wirkt beruhigend auf das gespannte Verhältnis der Eheleute. K. P. Thomas erklärt das so:

„Mutterschaft bringt der Frau Segen," stellt er fest, „denn sie ist eine wichtige, bindende Kraft zwischen Mann und Frau. Ein Ehe- und Familienleben ist ohne Kinder nicht vollkommen. Die Ankunft der Kinder heilt die Männer von ihrer Liebesgier und bringt Frieden ins häusliche Leben. Selbst Ehepaare, die sich vorher nicht liebten, fühlen nach der Geburt der Kinder eine religiöse Verehrung füreinander..."

Daß die Freude über die Geburt von Söhnen besonders groß ist, hat unter anderem auch einen religiösen Grund. Denn nur Söhne können nach dem

Tod der Eltern die Verbrennungsriten vollziehen, die den Verstorbenen Eingang in die Ewigkeit garantieren.

Kasturba und Mohandas können sich glücklich preisen, denn sie haben Söhne. Aber mit dem neuen Familienmitglied steigen auch die Unterhaltskosten. Für Mohandas eine beängstigende Perspektive. Seine früheren Träume vom Posten eines Dewans beim Herrscher von Rajkot hat er längst aufgegeben. Von den spärlichen Aufträgen, in denen er Arme in einem Rechtsstreit vertritt, kann er mit seiner Familie nicht leben. Er ist in einer verzweifelten Situation.

Da bieten ihm Freunde aus Porbandar an, für sie als Rechtsanwalt nach Südafrika zu gehen. Mohandas übernimmt ihren Fall. Endlich würde er ein Honorar bekommen. Dazu die Möglichkeit ein neues Land kennenzulernen. Was kann er verlieren?

Zum zweiten Mal werden Vorbereitungen für eine Reise in ein fremdes, weit entferntes Land getroffen. Wieder bleibt Kasturba zurück. Von den 10 Jahren ihrer Ehe war sie die Hälfte der Zeit allein. Diesmal, so heißt es, wird die Trennung ein Jahr dauern. 1893 geht Mohandas in Bombay an Bord. Aber aus einem Jahr werden drei. Wie Kasturba diese Zeit der Trennung durchsteht, wissen wir nicht. Finanzielle Sorgen hat sie sicher nicht, denn sie lebt mit ihren Söhnen weiter im Verband der Großfamilie in Rajkot. Ob sie jemals von den Schwierigkeiten erfährt, die Mohandas in Südafrika meistern muß, ob ihr bekannt ist, welchen Gefahren und Erniedrigungen er ausgesetzt ist, kann niemand sagen.

Auf jeden Fall ist Kasturba sehr froh, als ihr Mann 1896 nach Indien zurückkehrt, um sie mit den beiden Söhnen nach Südafrika zu holen. Gandhis Arbeit beschränkt sich nicht mehr darauf einen juristischen Fall zu lösen, er hat den politischen Kampf für die Rechte indischer Einwanderer aufgenommen. Rechte, die ihnen burische Siedler und die britische Verwaltung mit Schikanen und Gewalt vorenthalten.

Aber das Gefühl des Glücks über die Aussicht auf ein gemeinsames Familienleben, selbst wenn es in einem fremden Land sein wird, verfliegt schnell. Mohandas verlangt erneut eine Metamorphose seiner Frau. Sie, die schon als Kind-Frau den Vorstellungen entsprechen sollte, die sich der Schüler Mohandas gemacht hatte, die keinen Schritt ohne seine Erlaubnis tun sollte, soll sich von neuem wandeln. Kleidung, Benehmen und die Nahrung, die sie zu sich nimmt, sollen westlichen Vorstellungen entsprechen. Es wird nicht die letzte Verwandlung sein, die Mohandas von seiner Frau verlangt.

Gandhi überlegt und plant alles bis in die Einzelheiten. Ohne Rücksicht auf Kasturbas Bedürfnisse und Gefühle legt er fest, wie sie auszusehen hat, um in Südafrika Eindruck zu machen. Wie er sich durchsetzt, kann man seinen eigenen Aufzeichnungen entnehmen. Er schreibt:

„Der Ehemann muß zum Lehrer seiner Frau werden. So mußte ich alles in allen Einzelheiten festlegen: die Kleidung, die meine Frau und meine Kinder tragen sollten, die Nahrung, die sie essen sollten und ihr Benehmen, das ihrer neuen Umgebung entsprechen mußte. Für eine Hindufrau ist absoluter Gehorsam ihrem Mann gegenüber höchste Pflicht. Ein Hindumann fühlt sich seiner Frau gegenüber als Herr und Meister. Sie schuldet ihm ungeteilte Aufmerksamkeit...

...Ich glaubte damals, daß wir unsere Kleidung und unser Benehmen so weit wie möglich europäischen Vorstellungen angleichen sollten, um in Südafrika zivilisiert zu wirken. Nur so, dachte ich, könnten wir Einfluß gewinnen; Einfluß, ohne den es nicht möglich sein würde, der Gemeinschaft zu helfen. Deshalb bestimmte ich, welche Art von Kleidung meine Frau und die Kinder tragen sollten. Sie sollten nicht als Banias, als Angehörige der Händlerkaste von der Halbinsel Kathiawad zu erkennen sein. Da die Religionsgruppen der Parsen als am meisten zivilisiert galten, und da ein völlig europäisches Aussehen unpassend gewesen wäre, übernahmen wir den Stil der Parsen. Meine Frau trug ihren Sari so wie die Parsen, und die Knaben trugen Jackett und Hose nach Parsenart. Natürlich durften sie nicht ohne Schuhe und Strümpfe gehen. Es dauerte lange, bis meine Frau und die Kinder sich daran gewöhnten.

Die Schuhe zwängten ihre Füße ein und die Strümpfe stanken nach Schweiß. Die Zehen wurden wund. Ich hatte auf ihre Klagen immer eine Antwort. Aber es war wohl meine Autorität, die sie überzeugte. Mit noch größerem Widerwillen gewöhnten sie sich an den Gebrauch von Messer und Gabel."

Wir können wohl kaum ermessen wie groß und einschneidend die Umstellung ist, die Gandhi von seiner Frau und den Söhnen verlangt.

Zusammen mit anderen indischen Auswanderern macht sich die Familie schließlich auf die Reise. Kasturba ist wieder schwanger. Ihr drittes Kind wird in der Fremde geboren werden. Tränenreich nimmt sie von den Verwandten Abschied. Nur die Tatsache, daß Mohandas verwitwete Schwester mit ihrem kleinen Sohn mitkommt, beruhigt sie etwas.

Die Überfahrt ist beschwerlich. Es ist die Zeit der Monsunstürme und das Schiff braucht 18 Tage bis zur Landung in Durban. Mohandas ist der einzige, der nicht seekrank wird.

6.
Südafrika

Am 13. Januar 1897 läuft das Schiff in Südafrika im Hafen von Durban ein. Die Ankunft steht unter einem schlechten Stern. Demonstranten wollen den Kapitän des Schiffs zwingen wieder auszulaufen. Alle indischen Passagiere sollen in ihre Heimat zurückkehren. Als sie mit der Forderung nicht durchkommen, versuchen sie, die Landung der indischen Passagiere zu verhindern. Vor allem soll der junge Rechtsanwalt Gandhi, der als Sprecher indischer Einwanderer bereits einen Namen hat, nicht wieder ins Land kommen.

Aus Sicherheitsgründen wird Kasturba mit den Kindern heimlich von Bord gebracht und im Haus des Polizeidirektors aufgenommen. Als sie nach Stunden Mohandas wiedersieht, hat er blutende Wunden, die von einem Arzt behandelt werden müssen. Die tobende Menge steht vor dem Haus und bedroht ihn weiter. Kein vielversprechender Anfang in dem neuen, fremden Land, in dem sie niemanden kennt, sich keinem anvertrauen kann.

Erträglich wird das Leben für Kasturba, als sich Mohandas in Durban als Rechtsanwalt niederläßt. Zum ersten Mal in seinem Leben hat er beruflichen Erfolg, verdient genügend Geld, kann sich ein Haus im europäischen Stil leisten. Und Kasturba ist endlich Herrin im eigenen Haus. In Rajkot hatte sie sich immer anderen Frauen unterordnen müssen. Zuerst ihrer Schwiegermutter und nach deren Tod ihrer Schwägerin, der Frau von Mohandas ältestem Bruder. Nachdem das dritte Kind geboren ist, wieder ein Knabe, der Ramdas genannt wird, stellt Mohandas eine englische Erzieherin ein, die die älteren Söhne unterrichtet. Zu Kasturbas Entsetzen wohnt diese „Ungläubige" bei ihnen im Haus. Aber es soll noch schlimmer kommen. Bald leben auch einige Angestellte aus der Anwaltspraxis mit im Haus, gleichgültig ob sie Hindus anderer Kasten, Moslems oder Christen sind. Für Kasturba ist das eine neue, große Umstellung, die mit ihren Prinzipien der Reinheit kaum zu vereinbaren ist. Aber Gandhis neue Ideen erfordern es. Er will mit vielen, ihm unsinnig erscheinenden Traditionen der Hindus brechen, ohne dabei westliches Verhalten zu imitieren. Das soziale und häusliche Leben von Hindufamilien will er reformieren. Seine eigene Familie soll dabei mit gutem Beispiel vorangehen. Kasturba muß traditionelle Kastenbräuche aufgeben. Wie gnadenlos er dabei vorgeht, beschreibt er in seiner Autobiographie.

„Ich behandelte die Mitbewohner des Hauses, als ob sie zur Familie gehörten," stellt er fest und gesteht, daß er deswegen des öfteren Unannehmlichkeiten mit seiner Frau hatte, wenn sie sich dagegen sträubte. „Das Haus war im westlichen Stil gebaut und es gab in den Schlafzimmern kein Abflußloch für schmutziges Wasser – wie in indischen Häusern. Jedes Zimmer bekam deshalb ein Nachtgeschirr. Sie sollten nicht von Hausangestellten gesäubert werden, deshalb übernahmen meine Frau und ich es selbst. Die Büroangestellten, die sich bei uns wie zu Hause fühlten, säuberten ihre Töpfe natürlich allein, bis auf einen Neuankömmling, einen Christen, aus einer Familie von Unberührbaren. Ich fand, wir sollten es mit übernehmen sein Schlafzimmer zu säubern. Meine Frau leerte die meisten Töpfe. Nun aber auch noch den eines früheren Unberührbaren zu leeren, das erschien ihr zu viel. Wir zankten uns."

Gandhi erwartet tatsächlich Ungeheuerliches von seiner Frau. Mit Fäkalien oder Kadavern in Berührung zu kommen bedeutet für Hindus ihrer Kaste eine Verunreinigung in höchstem Maß. Nach traditionellem Brauch werden Arbeiten dieser Art von Unberührbaren verrichtet. Sie sind die Latrinenreiniger und Abdecker. Und nun soll Kasturba diese Arbeit für einen Unberührbaren übernehmen!

Aber sie ist eine folgsame Hindufrau, die sich nach den Wünschen ihres Mannes richtet. Sie gibt schließlich nach und trägt weinend das Nachtgeschirr heraus. Aber dieser Sieg über die Gefühle seiner Frau reicht Gandhi nicht aus. Die Auseinandersetzung der Eheleute über das Ausleeren der Nachttöpfe geht weiter.

„Ich fühlte mich als ihr Lehrer und quälte sie aus meiner verblendeten Liebe heraus," schreibt er. „Ich gab mich nicht damit zufrieden, daß sie die Töpfe heraustrug. Sie sollte es *fröhlich* tun. Ich fuhr sie also an: ‚solchen Unsinn dulde ich nicht in meinem Haus!' Sie schimpfte zurück ‚behalt dein Haus für dich und laß mich gehen...' Ich vergaß mich, ergriff ihre Hand und zerrte die hilflose Frau zur Pforte, in der Absicht, sie zu öffnen und Kasturba hinauszustoßen. Tränen liefen in Strömen über ihre Wangen, und sie schluchzte, ‚hast du denn kein Schamgefühl, mußt du dich so weit vergessen? Wo soll ich denn hin? Ich habe hier keine Eltern und keine Verwandten, die mich aufnehmen können. Weil ich deine Frau bin glaubst du wohl, daß ich mich herumschubsen lassen muß? Um Himmels Willen, benimm' dich und schließ das Tor. Es braucht niemand zu sehen, daß wir uns hier streiten.'

Da schämte ich mich wirklich und schloß das Tor. So wenig wie meine Frau mich verlassen konnte, konnte ich sie verlassen. Wir stritten uns oft, aber zum Schluß vertrugen wir uns immer wieder. Die Frau, mit ihrer unvergleichlichen Fähigkeit zu dulden, blieb immer Sieger."

Szenen wie diese gibt es wohl in jeder Ehe, ohne daß die Streitenden hinterher viel darüber nachdenken. Bei Gandhi ist das anders. Die Tatsache, daß Kasturba Entwicklungen beeinflußt, ohne sich gewaltsam zu widersetzen, macht großen Eindruck auf ihn. *Ahimsa* nennen Hindus das Verhalten. Man erreicht sein Ziel ohne Schmerz zu verursachen, ohne Gewalt anzuwenden. Nur aus *Ahimsa* kann *Satyagraha* entstehen, der passive Widerstand, den Gandhi später erfolgreich im politischen Kampf anwendet.

Ahimsa und *Satyagraha*, das Verhalten der Unterlegenen gegenüber dem Stärkeren, hat Mohandas an seiner Frau beobachten können. Frau Dr. Sushila Nayar betont es immer wieder in ihren Gesprächen mit mir. In westlichen Ländern glaube man, daß Kasturba ohne Einfluß auf Gandhis Methode war, mit der er seine Ideen verwirklichte. Aber das Gegenteil sei der Fall. Hindufrauen seien nie ohne Einfluß auf ihre Männer. Sie waren von dem, was ihre Männer tun, nie ausgeschlossen, weder in früheren Jahrhunderten noch in unserer Zeit. So hatten sie Gelegenheit Einfluß zu nehmen. Bei Kasturba sei das besonders stark der Fall.

Tatsächlich habe Gandhi sie *Guru* genannt, seine Lehrmeisterin in *Satyagraha,* im passiven Widerstand. Er sagte, er habe die Anwendung des passiven Widerstands von Kasturba gelernt. Schon in frühen Jahren habe er gemerkt, daß Kasturba einen eigenen Willen hat. Sie tat nichts, wovon sie nicht überzeugt war. Er konnte böse werden, er konnte sie unglücklich machen, konnte sie zum Weinen bringen, aber er konnte sie nicht zwingen etwas zu tun, was sie nicht wollte. So entdeckte er auf seiner ständigen Suche nach Wahrheit das Gesetz, daß man Liebe empfinden und Leiden ertragen muß, um den Gegner zu überzeugen, und ihm den eigenen Standpunkt klarmachen zu können. Das sei das Grundprinzip von *Satyagraha,* vom passiven Widerstand.

Eine Philosophie, über die es sich nachzudenken lohnt.

Sushila Nayar ist nicht die einzige, die die Rolle indischer Frauen auf diese Weise beschreibt. Auch Direktor Trivedi, der Leiter des Gandhi-Museums in Ahmedabad und Aruna Asaf Ali, eine beeindruckende alte Dame, die Mitherausgeberin der kommunistischen Zeitung „*Link*" in Neu-Delhi ist, sind von der wichtigen Rolle überzeugt, die Kasturba bei der Entwicklung Gandhis zum politischen Führer hatte.

Mit großem Nachdruck stellt Aruna Asaf Ali fest, daß eine Frau ihrem Mann im Weg stehen kann. Aber für Kasturba trifft das nicht zu. Sie habe Gandhis Entwicklung gefördert. Alles, was er über Frauen wußte, gleichgültig ob es mit dem täglichen Leben oder mit Politik zusammenhing, habe er bei ihr gesehen und gelernt.

Kasturba war in Fragen der Tradition viel konservativer als ihr Mann. Sie war mit der Vorstellung aufgewachsen, daß es bei den Menschen hoch Geborene und tief unten Stehende gibt. Aber sie hielt sich zurück, wenn sie anderer Meinung war als Gandhi oder etwas nicht verstand. „Das feministische Konzept der Emanzipation gab es damals noch nicht," sagt Frau Asaf Ali. Sie selbst ist seit ihrer frühen Jugend Anhängerin von Gandhis Ideen gewesen. Die gebildete, einflußreiche Herausgeberin einer Zeitung spricht mit großer Achtung von Kasturba, einer Frau, die in jeder Beziehung ihr völliges Gegenteil war. Freundinnen waren die beiden nie, dazu fehlte die Gelegenheit, aber man spürt die Verehrung, die die Journalistin aus der Hauptstadt für die warmherzige, einfache Analphabetin aus Rajkot empfindet.

1901 wird der jüngste Sohn der Gandhis, Devadas, geboren. Bei der Entbindung ist Gandhi Geburtshelfer. Auf eine „ungeschickte Hebamme" will er verzichten. Seine Kenntnisse stammen aus einem kleinen Büchlein „Ratschläge für den jungen Vater". Kasturba übersteht die Geburt ihres vierten Sohnes ohne Schaden zu nehmen. Aber sie kann sich nur schwer wieder erholen.

Nach der Geburt beginnt ein neuer Abschnitt im Leben der Eheleute. Sicherlich ist Kasturbas Gesundheitszustand ein Grund für Mohandas Entschluß ernsthaft an sich selbst zu arbeiten, in Gedanken und Taten Selbstkontrolle zu üben, auch sein sexuelles Verhalten darin einzuschließen. 31 Jahre alt, lebt er von nun an im Zölibat.

Kasturba erklärt sich damit einverstanden. Sie ist genau so alt wie er. Ohne ihre Unterstützung könnte er seine neuen Vorstellungen nicht verwirklichen. Ganz bewußt tritt Gandhi in die dritte Lebensphase eines orthodoxen Hindu ein. Er tut es allerdings zwei Jahrzehnte zu früh. Nach den Idealen früherer Jahrhunderte soll der Jüngling in den ersten 25 Jahren seines Lebens das andere Geschlecht meiden. Von 25 bis 50 gründet der Mann seine Familie. Im Alter von 50 bis 75 lebt er mit seiner Frau zusammen, ohne sie zu berühren. Mit 75 aber wird er sie verlassen und die geistige Vollendung suchen.

Gandhi hat später versucht auch seine Anhänger zu einem Leben im Zölibat zu überreden. Denn eine wahre Erfüllung der Gewaltlosigkeit sei ohne Zölibat unmöglich, erklärt er ihnen. Gewaltlos leben hieße allgegenwärtige Liebe zeigen. Was aber bliebe einem Mann, der seine Liebe einer Frau geschenkt hat, für andere übrig?

Gandhi gibt zu, daß Kasturba es ihm leicht macht seine „Fleischeslust" zu überwinden. Um seiner

Frau Gerechtigkeit widerfahren zu lassen, gesteht er ein, daß sie niemals eine Verführerin war. Für ihn ist es deshalb ein leichtes, diesen Eid zu leisten, wann immer er dazu willens ist.

Worte der Anerkennung für Kasturbas Verhalten findet auch K. P. Thomas. Er schreibt: „Es ist für keine Frau einfach die Ehefrau eines Mannes zu sein, der sich zu einem Mahatma, zu einem Lehrer der Welt entwickelt. Aber die Natur hatte Kasturba mit allen Qualitäten ausgestattet, die eine Frau am meisten braucht, um ihrem Mann den dornigen Weg zu erleichtern. Sie ist einmalig. Sie besitzt die anziehenden und zarten Eigenschaften einer Frau, ist gefühlvoll und herzlich. Und trotzdem bewahrt sie sich ihre eigene Persönlichkeit in allen Lebenslagen."

7.

Die Phoenix-Siedlung

Gandhi entwickelt sich immer mehr zum politischen Führer und sozialen Erneuerer der Hindugesellschaft. Er nimmt eine Lebensweise an, die er bis zu seinem Tod beibehalten wird. Bewußt entsagt er den Annehmlichkeiten des Lebens. Das geht so weit, daß im Haushalt weder Tee noch weißer Zukker verwendet werden dürfen. Er kauft eine Handmühle zum Mahlen von Korn, denn Brot soll von nun an selbst gebacken werden. Alle müssen bei diesen Neuerungen mitmachen. Kasturba backt das Brot, aber die Mühle ist so schwer zu bedienen, daß noch nicht einmal ein starker Mann es schafft. Gandhi ordnet an, daß seine kleinen Söhne die Arbeit übernehmen sollen. Er macht daraus einen „Sport" für sie, „ihre Muskeln werden durch die Übung gestärkt," erklärt er. Widerspruch duldet er nicht. Er erwartet nicht, von seinen Mitmenschen verstanden zu werden, aber er erwartet immer Gehorsam bei der Durchsetzung seiner Reformen.

Um das einfache Leben bis zur letzten Konsequenz führen zu können, gibt er das bequeme, geräumige Haus auf. Die Familie zieht in die Phoenix-Siedlung bei Johannesburg. Gandhi hat die Siedlung für indische Einwanderer gegründet. Viele seiner Freunde und Anhänger ziehen mit. Darunter auch

KASTURBA

Europäer. In der Siedlung beginnt er neue Ideen in die Praxis umzusetzen. So sollen Männer und Frauen die notwendigen Arbeiten in der Siedlung gemeinsam verrichten, sie sollen die gleichen Rechte haben, aber auch die gleiche Verantwortung tragen. Wer Führungsqualitäten entwickelt, übernimmt es andere anzuleiten. Kasturba ist für die hauswirtschaftliche Organisation verantwortlich. In den Schulen der Siedlung werden Knaben und Mädchen gemeinsam unterrichtet. In der Co-Education sieht Gandhi eine Möglichkeit, die traditionellen Vorstellungen von der Trennung der Geschlechter schon bei den Jugendlichen abzubauen. Aber nicht nur am Unterricht nehmen Knaben und Mädchen gemeinsam teil, auch Spiele und das tägliche Bad finden für alle gleichzeitig statt. Alle sollen nackt baden. Eine Neuerung, die vielen seiner Anhänger sehr gewagt erscheint.

Auch Kasturba warnt vor diesem Experiment, aber Gandhi läßt sich nicht beirren. Erst als „unkeusches Verhalten" unter den Schülern und Schülerinnen bekannt wird, ist Gandhi so enttäuscht, daß er anordnet, den beteiligten Mädchen die Haare abzuscheren, damit sie weniger verführerisch wirken. Er selbst fastet, um zu büßen. Das Experiment wird abgebrochen. Kasturba hatte zu recht gewarnt.

In der Phoenix-Siedlung entsteht eine neue Gemeinschaft. Angehörige verschiedener Kasten und Religionen teilen Gandhis Vorstellungen, akzeptieren seine Neuerungen. Es ist ein Leben voller Enthaltsamkeit im Bewußtsein der Zusammengehörigkeit.

Kasturba fällt es nicht schwer die Entbehrungen auf sich zu nehmen. Glanz und Wohlleben, die sie in ihrer Jugend kennengelernt hat, bedeuten ihr nichts mehr. Sie gehört meistens zu den ersten, die sich zu Gandhis neuen Ideen mit allen Konsequenzen bekennt. Als sie nach einer Operation auf Anraten des Arztes Fleischbrühe trinken soll, um wieder zu Kräften zu kommen, weigert sie sich als Vegetarierin strikt, das zu tun. Der Arzt sieht keine andere Möglichkeit, als Kasturba und Mohandas vor die Alternative zu stellen: entweder trinkt die Patientin Fleischbrühe, oder sie muß das Krankenhaus verlassen.

„Sie können natürlich nach Ihrer Philosophie leben," sagt der Arzt zu Gandhi, „aber wenn Ihre Frau bei mir in Behandlung ist, muß ich verordnen können, was ich für richtig halte. Wenn Ihnen das nicht paßt, müssen Sie sie leider abholen. Unter meinem Dach soll sie nicht sterben."

Man sollte annehmen, daß Gandhi in diesem Fall, wenn es um die Gesundheit, vielleicht sogar um das Leben von Kasturba geht, seine Prinzipien als Vegetarier aufgibt. Aber weit gefehlt. Auch Kasturba bleibt starrköpfig. In den Armen ihres Mannes erklärt sie:

„Ich werde keine Fleischbrühe trinken. Es ist eine feine Sache als Mensch in diese Welt geboren zu werden. Aber ich werde lieber in deinen Armen sterben, als meinen Körper mit so etwas Ekelhaftem zu verunreinigen. Ich bitte dich, bring mich fort von hier."

Gandhi ist sehr stolz, daß Kasturba auf diese Art

und Weise reagiert. In seinen Memoiren gibt er seiner Genugtuung über ihr Verhalten unverhohlen Ausdruck. Er schreibt:

„Ich war entzückt. Tief bewegt beschloß ich, sie mitzunehmen. Zweifellos riskierte ich viel, aber ich vertraute auf Gott und tat, was zu tun war. Ich schickte einen Boten zur Phoenix-Siedlung mit der Nachricht, man solle uns am Bahnhof mit einer Hängematte, einer Flasche heißer Milch und einer Flasche mit heißem Wasser abholen, und sechs Männer mitbringen, die Kasturba in der Hängematte tragen sollten. Ich besorgte eine Rickschah, um Kasturba an den nächsten Zug zu bringen und setzte sie in ihrem kritischen Zustand hinein. So zogen wir los."

Kasturba ist bis auf die Haut abgemagert. Sie ist so schwach, daß Gandhi sie auf seinen Armen ins Zugabteil tragen muß. Später, auf dem Weg in die Phoenix-Siedlung nieselt es, und Kasturba kommt völlig durchnäßt in der Siedlung an. Wie durch ein Wunder übersteht sie die Strapazen der Reise. Nur langsam kommt sie wieder zu Kräften und kann sich um die Versorgung der Menschen in der Siedlung kümmern.

Ganz gesund wird sie erst, als sie erfährt, daß ihr ältester Sohn nach Südafrika kommt. Harilal ist jahrelang in Bombay zur Schule gegangen. Nun kehrt er zu seinen Eltern zurück. Endlich kann Kasturba ihre vier Söhne wieder bei sich haben. Aber die Freude über Harilals Ankunft wird schnell getrübt. Denn er kommt, um seinem Vater Vorwürfe zu machen. Er hatte gehofft, ein Universitätsstudium beginnen zu können, um später einen Beruf zu haben. Aber Gandhi hält nichts von einem Studium. Kasturba kann die ständigen Auseinandersetzungen zwischen Vater und Sohn kaum ertragen, zerstören sie doch ihre Hoffnungen auf ein harmonisches Familienleben.

Frau Dr. Sushila Nayar wird die Tragik in Harilals Leben in ihrem nächsten Buch ausführlich untersuchen. Der Vater-Sohn-Konflikt beschäftigt sie seit geraumer Zeit. Sie macht keinen Hehl daraus, daß sie für Gandhis Haltung kein Verständnis aufbringt und ganz auf Harilals Seite steht. Gandhi ist seinem Sohn gegenüber im Unrecht, davon ist sie überzeugt.

„Sehen Sie," sagt sie, „Harilal war ein junger Mann. Gandhi hatte als erfolgreicher Rechtsanwalt, der er war, eine Zeitlang nach westlichem Stil gelebt. Als er aus England zurückkehrte, mußten seine Kinder westliche Lebensart annehmen, mit Messer und Gabel essen, Schuhe und Strümpfe tragen, anstatt natürlich zu sein." Sie seufzt und wischt sich mit der Hand über die hohe Stirn. In ihrem Büro ist es wie immer stickig heiß. Die Ventilatoren, die von der Decke herunterhängen, bringen kaum Kühlung. „Später änderte sich Gandhi. Aber der junge Bursche lebte ja in Indien, er verliebte sich in ein Mädchen. Zu der Zeit hatte Gandhi sein Leben in Südafrika so grundlegend geändert, daß der junge Mann nicht mehr hineinpaßte.

Es waren kleine Dinge. Harilal wollte nach Indien reisen, um seine Frau zu holen. Gandhi sagte, das sei nicht nötig, warum sich so viele Ausgaben machen. Laß' sie mit jemand anders kommen der sowieso herreist. Harilal wollte nach England gehen, um auch Rechtsanwalt zu werden. Gandhi sagte, diese moderne Ausbildung sei sinnlos. Aber dann wählte er jemand anders aus, den er nach England schickte. Das schmerzte den jungen Mann, das war zu viel für ihn. Er rannte fort und kam nach Indien zurück. Er versuchte, wieder zur Schule zu gehen, um eine richtige Ausbildung zu bekommen. Er fiel ein- oder zweimal durch. Dann wollte er auf's College gehen. Aber in der Zwischenzeit hatte er Kinder, zwei oder drei. Und wie sollte er sich und seine Frau ernähren?

Es war ein menschliches Problem. Er war einsam. Es ist ja nichts falsch daran, eine Ausbildung zu wollen. Sein Vater fand aber, daß er für die Ausbildung der eigenen Kinder nicht mehr tun sollte, als für die Ausbildung anderer. Gut, das ist in Ordnung. Aber Kinder haben doch das Recht, etwas von ihren Eltern zu verlangen."

Kasturba versucht immer wieder zwischen Vater und Sohn zu vermitteln, einen Ausgleich zwischen den unterschiedlichen Ansichten der beiden herbeizuführen. Aber es ist alles vergeblich. Vater und Sohn leben sich immer mehr auseinander. Harilals Lebenswandel wird immer fragwürdiger. Als seine Frau stirbt, ist er untröstlich, wird zum Trinker, spielt mit dem Gedanken zum Islam überzutreten. Die Schuld an dieser Entwicklung sehen Kasturba, Sushila Nayar und viele andere in Gandhis Unnachgiebigkeit.

J. S. Bright berichtet in seinem Buch „The Woman Behind Gandhi" von einem Interview in späteren Jahren, in dem Gandhi gefragt wird wie es komme, daß sein eigener Sohn „in die Irre gegangen ist". Gandhi antwortet darauf: „Ich glaube an frühere Geburten und Wiedergeburten. Alle unsere Beziehungen sind Ergebnisse unseres Tuns in einem früheren Leben. So sehe ich das auch im Fall meines ältesten Sohnes. Für mich bedeutet die Geburt eines schlechten Sohnes das Resultat meiner bösen Taten in diesem oder in einem früheren Leben. Mein ältester Sohn wurde geboren, als ich selbst betört war. Außerdem wuchs er heran in einer Zeit, als auch ich noch wuchs und mich wenig kannte. Jahrelang war er von mir getrennt und seine Erziehung lag nicht ausschließlich in meinen Händen. Deshalb war er ohne Halt. Er grollt mir, weil ich damals glaubte, ihn und seine Brüder auf dem Altar der gemeinsamen Sache opfern zu müssen. Mein ältester Sohn war das Opfer meiner Experimente. Er kann mir das nicht verzeihen, weil er es für einen Fehler von mir hält. Unter diesen Umständen glaube ich, selbst der Grund dafür zu sein, meinen Sohn verloren zu haben. Und ich habe gelernt, es geduldig zu tragen."

Große Worte, die demütig klingen sollen, aber doch hohe Selbsteinschätzung und Unnachgiebigkeit ausdrücken.

Kasturba leidet aber nicht nur unter dem gespannten Verhältnis zwischen Harilal und seinem Vater, das mehr und mehr in Haß ausartet. Schweren Herzens muß sie mitansehen, welche harte Behandlung die jüngeren Söhne, Ramdas und Devadas, erfahren. Sie müssen immer länger und immer härter arbeiten als andere Kinder. Selbst bei Eiseskälte werden sie im Morgengrauen aus ihren Betten geholt, um Holz zu hacken oder ein Feld umzugraben. In der Siedlung gibt es immer etwas zu tun. Gandhi ist nicht bereit die harten Bedingungen für seine Söhne, die noch im Knabenalter sind, zu erleichtern. Auch sie müssen unter den Ideen des Vaters leiden. Ihr Schulunterricht ist dürftig. Meistens besteht er darin, daß Gandhi mit ihnen über ein Buch oder über einen Artikel in seiner Wochenzeitung *Indian Opinion* spricht. Auch ihre Kleidung näht Gandhi selbst.

Voller Pflichtgefühl widmet sich Kasturba den Aufgaben, die Gandhi ihr aufgetragen hat. Alte Hinduschriften nennen es die religiöse Pflicht der Frau, dem Mann zu dienen und ihm zu gehorchen. Und Gandhi gleicht manchmal den Personen aus diesen Schriften. Er läßt sich jetzt von seinen Anhängern und Freunden „Bapu" nennen, so wie Hindus schon immer verehrungsvoll ihren Vater angeredet haben. Kasturba ist die „Ba", was Mutter heißt. Wegen ihrer mütterlich verständnisvollen Art wird sie allgemein geliebt und verehrt, von den Bewohnern der Phoenix-Siedlung, aber auch von wohlhandenden Gönnern und Freunden Gandhis, die seinen Kampf finanziell unterstützen. Einige zeigen ihre Anerkennung und Dankbarkeit, indem sie Kasturba Schmuck schenken. Wertvolle Stücke, aus Silber und Gold, darunter auch ein kostbares Collier. Aber Gandhi verlangt, daß der Schmuck zurückgegeben wird. Es ist mit seinen Erneuerungsbestrebungen nicht zu vereinbaren, daß seine Frau wertvolle Geschenke annimmt, während er Hindufamilien das einfache Leben ohne Glanz, Kostbarkeiten und Überfluß vorzuleben versucht. Er plant den Schmuck zur Gründung einer Stiftung für wohltätige Zwecke zu verwenden.

Seine heranwachsenden Söhne stimmen dem Plan zu. Kasturba nicht. Erbittert kämpft sie darum, diese Zeichen der Anerkennung für ihre jahrelangen Opfer und Entbehrungen behalten zu können. Man kann die Szene, die sich zwischen den Eheleuten abspielt, am besten mit Gandhis eigenen Worten beschreiben.

„Du brauchst die Schmuckstücke nicht," protestiert Kasturba, „und deine Kinder brauchen sie sicher auch nicht. Sie tanzen sowieso nach deiner Pfeife. Ich könnte es noch verstehen, wenn du mir nicht erlaubst den Schmuck zu tragen. Aber wie ist es mit deinen Schwiegertöchtern? Sie wollen ihn bestimmt. Und wer weiß, was morgen passiert. Ich bin die letzte, die sich von Geschenken trennen möchte, die so liebevoll gegeben wurden."

„Ein Schwall von Argumenten folgte," fährt Gandhi fort, „schließlich wurden sie von Tränen unterstützt. Aber ich ließ mich nicht erweichen." Auch Gandhi führt alles an, was zu seinen Gunsten sprechen könnte. „Die Kinder sind noch gar nicht verheiratet. Wir wollen ja nicht, daß sie jung heiraten. Und wenn sie erwachsen sind, können sie für sich selbst sorgen. Ganz bestimmt werden unsere Söhne keine Bräute haben, die Schmuck lieben. Und wenn wir ihnen doch Schmuck schenken müssen, bin ich ja da. Wir reden darüber, wenn es so weit ist."

Aber Kasturba bleibt die Antwort nicht schuldig. „Mit dir reden? Langsam kenn' ich dich. Du willst mir meinen Schmuck vorenthalten und keine Ruhe geben. Wenn ich mir vorstelle, wie du deinen Schwiegertöchtern Schmuck schenken würdest! Du, der du versuchst aus meinen Söhnen *Sadhus*, heilige Männer zu machen. Nein, der Schmuck wird nicht zurückgegeben. Und überhaupt, welches Recht hast du eigentlich über *mein* Collier zu bestimmen?"

Über diese provozierende Frage ist Gandhi sehr aufgebracht. „Wurde dir das Collier für deine oder für meine Verdienste geschenkt?" will er wissen, und Kasturba muß einräumen, „gut, ich gebe es zu. Aber deine Verdienste sind so gut wie meine. Tag und Nacht habe ich für dich mühsam gearbeitet und mich abgeplackt. Ist das kein Verdienst? Alles und jedes mußte ich machen, bittere Tränen ließest du mich weinen..."

Zum Schluß setzt sich Gandhi durch, wie immer bei ehelichen Meinungsverschiedenheiten, die seine Grundsätze betreffen. Mit den Worten „irgendwie erzwang ich ihre Zustimmung..., die Geschenke wurden alle zurückgegeben," schließt er die Beschreibung dieser Szene ab.

Gandhi konzentriert sich jetzt ganz auf den politischen Kampf, den gewaltlosen Widerstand seiner indischen Landsleute gegen diskriminierende Gesetze der südafrikanischen Regierung. Zunächst wendet er sich gegen die neu erlassenen, strengen Registrierungsgesetze, die alle Inder vom achten Lebensjahr an zwingen, ihre Fingerabdrücke registrieren zu lassen und Ausweise bei sich zu tragen. Er wird während einer Protestaktion von weißen Extremisten zusammengeschlagen, er wird verhaftet, aber er erreicht, daß sich die Inder *gewaltlos* widersetzen.

Es folgen weitere diskriminierende Bestimmungen. Diesmal richten sie sich vor allem gegen Frauen. Das Oberste Gericht der Kap-Provinz beschließt, alle Ehen, die unter Hindu- oder Moslemrecht geschlossen wurden, für ungültig zu erklären. Damit bekommen indische Frauen den Status von Prostituierten. Ihre Kinder gelten als unehelich und können ihre Väter nicht beerben.

Zum ersten Mal fühlt Kasturba, daß die Diskriminierung auch ihr gilt, daß sie Widerstand leisten muß. Gandhis Kampf wird nun zu ihrem Kampf. Sie wird verhaftet, zusammen mit vielen anderen Frauen, und teilt ihre Zelle mit Dirnen, Diebinnen und Straßengesindel – für eine Hindufrau ihrer Kaste eine unzumutbare Bedingung. Kasturba nimmt sie hin. Sie erträgt den engen Kontakt, der für sie Verunreinigung bedeutet, als ihren Beitrag zu *Satyagraha*, zum gewaltlosen Widerstand.

Der Kampf hat Erfolg. Kurz bevor Gandhi mit seiner Familie zu Beginn des ersten Weltkrieges Südafrika verläßt und nach Indien zurückkehrt, werden indische Ehen anerkannt, Kinder aus diesen Ehen erhalten die Bürgerrechte.

Gandhi spielt eine wichtige Rolle im Kampf seiner Landsleute gegen die Willkür der Bewohner Südafrikas. Kasturba ist zur aktiven Helferin geworden, die mutig für die Ziele ihres Mannes eintritt.

8.

Das Leben im Ashram

Die Menschen in Indien haben ihren eigenen Tagesrhythmus. Die frühen Morgenstunden, wenn die Luft noch prickelnd und klar ist, gehören zur schönsten Tageszeit. Um sie genießen zu können, sind Inder Frühaufsteher. Schon um fünf Uhr morgens trifft man sie auf der Straße. In der kühlen Morgenluft verschaffen sie sich Bewegung, viele treiben vor dem Frühstück Sport. Auch die Straßenhändler sind in Indien früh auf den Beinen. Ihre Ware, frisches Gemüse und Stauden von fingergroßen, süßen Bananen, tragen sie in flachen Körben auf dem Kopf und preisen sie lauthals an. Ihre Rufe hallen durch die ruhigen Straßen. Es sind Geräusche, die zu einem indischen Morgen gehören, vor hunderten von Jahren genau so wie heute.

Später, um die Mittagszeit, wenn die Hitze zu flimmern beginnt und die Städte stinkend und staubig werden, sind die Menschen schlapp, ihre Bewegungen werden langsam. Jeder sucht sich einen schattigen Platz zum Hinlegen. Bleierne Müdigkeit breitet sich aus und ein Fleckchen Gras unter einem Baum oder die Veranda eines Hauses sind der einzige Ort, an dem man die erträglichen Nachmittagsstunden erwarten kann. Kleine Ortschaften wirken dann wie ausgestorben. Aber selbst in großen Städ-

DER MAHATMA

ten bleiben Büros, Geschäfte und viele Banken für mehrere Stunden geschlossen. Am Nachmittag erwachen dann alle zu neuer Betriebsamkeit. In den Einkaufsstraßen wird das Gedränge so groß, daß man kaum treten kann. Bis zum Sonnenuntergang scheinen dann alle Menschen unterwegs zu sein; in den Dörfern, wo die Frauen das Wasser vom Brunnen holen und in den Städten, wo jeder seine Besorgungen macht. Erst wenn die Dämmerung einsetzt wird es wieder ruhig. In ländlichen Siedlungen und in den Armenvierteln der Städte steigen dann Rauchschwaden auf, weil auf Tausenden kleiner eiserner Öfchen das Essen für die Familien gekocht wird. Oft auf dem Hof oder auf der Straße. Als Feuerung dienen halbtrockene Zweige und getrocknete Kuhmistfladen. Wenn dann in den kühlen Abendstunden eine leichte Brise weht, zieht es die Menschen wieder ins Freie. Überall sitzen sie vor ihren Häusern, auf Straßen und Plätzen, auf flachen Dächern oder im Garten. Sie reden und hören Radio und die Kinder, selbst die allerjüngsten, bleiben oft bis Mitternacht wach.

In Gujerat, der Heimatprovinz von Mohandas und Kasturba Gandhi, sitzen sie dann auf bequemen Schaukeln, die in den meisten Gärten von einem dikken Ast herunterhängen. Die leichte, pendelnde Bewegung verschafft zusätzlich Kühlung.

Wie sehr hat Kasturba dies alles vermißt. Das Leben unter Menschen, die ihr vertraut sind, die wie sie fühlen, mit denen sie in ihrer Muttersprache Gujerati sprechen kann. Endlich, im Januar 1915, ist sie wieder zu Hause in Indien.

Als die Gandhis nach mehr als zwanzig Jahren in die Heimat zurückkehren, ist Mohandas kein Unbekannter. Sein Ruf als politischer Führer ist bis nach Indien gedrungen und bei der Ankunft in Bombay wird er von dem berühmten Dichter und Philosophen Rabindranath Tagore als „Mahatma", als „Große Seele" begrüßt.

Gandhi beschließt, nicht mehr als Rechtsanwalt zu arbeiten, sondern sich auch in seiner Heimat für die Verbreitung der Ideen der Gewaltlosigkeit, der Selbstkontrolle und der Hilfe für andere einzusetzen. Er will die Beziehungen der Menschen zueinander ändern und die Gesellschaft auf moralischer Ebene erneuern. In Ahmedabad, der Provinzhauptstadt in Gujerat, gründet er einen *Ashram*, der für ihn und seine Anhänger zum Zentrum seiner Arbeit werden soll.

Ashrams gibt es in Indien seit Jahrhunderten. Es sind Einsiedeleien, möglichst im Wald gelegen, in denen weise Männer leben, um allein oder von Schülern umgeben ein asketisches Dasein zu führen und zu meditieren. Gandhi ist einer der ersten politisch-religiösen Führer der neueren Zeit, der einen Ashram in bewohnten Gegenden errichtet, um viele Menschen mit seinen Ideen erreichen zu können.

Nicht ohne Grund wählt er Ahmedabad. In der Umgebung wird Baumwolle angebaut und in den Spinnereien und Webereien der Stadt verarbeitet. Handwerkliche Geschicklichkeit und Geschäftssinn haben hier eine lange Tradition. Aber die Menschen sind arm. Gandhi hat sich vorgenommen ihnen zu helfen. Reiche Kaufleute aus Ahmedabad, die sich zu Gandhis Freunden zählen, unterstützen ihn. Sie stellen das Gelände am Ufer des Sabarmati-Flusses zur Verfügung, auf dem der Ashram errichtet wird. Kasturba und 25 Anhänger Gandhis, von denen einige aus der Phoenix-Siedlung in Südafrika nachgekommen sind, richten sich hier bescheiden ein. Wie in einer großen Familie leben sie zusammen, essen die Mahlzeiten gemeinsam, beten und arbeiten zusammen. Alle sind in einfachen Hütten untergebracht. Daß es oft am Notwendigen fehlt, macht Kasturba wenig aus. Wie in der Phoenix-Siedlung übernimmt sie die hauswirtschaftliche Leitung im Ashram und ist in ihrer verständnisvollen, mütterlichen Art für alle da, die Rat und Hilfe brauchen. Für Gandhi ist die Herausforderung in der neuen Umgebung noch nicht schwer genug. Er leistet den Schwur, nie mehr als fünf verschiedene Nahrungsmittel an einem Tag zu essen. Bis an sein Lebensende hat er sich daran gehalten.

Frau Raksha Saran, eine reiche Industriellenwitwe, die heute über 80 Jahre alt ist, erzählt mir im Clubhaus am Rand des Lodi-Parks in Neu-Delhi von der ersten Zeit im Ashram. „Ich fragte Kasturba damals, ob ich ihr irgend etwas besorgen kann, was im Ashram gebraucht wird," erzählt sie, während sie langsam ihren Tee schlürft. „Kasturba sagte, sie hätten nicht genügend Platten, um das Essen aufzutragen. Wir hatten viele schöne Metallplatten zu Hause, die dort nicht gebraucht wurden und ich versprach sie mitzubringen und ihr zu schenken. Aber Kasturba wollte sie nicht annehmen aus Angst, Gandhi könnte vielleicht böse werden, weil sie so schön aussahen. Ich mußte sie lange überreden es zu tun und schließlich hat sie sie dann genommen."

Raksha Saran erzählt von dieser Zeit als ob es gestern wäre, und auch jetzt nennt sie Kasturba „Ba", wie sie es damals gewohnt war. „Mein Vater war Politiker und ein Anhänger Gandhis," sagt sie, „und ich habe Ba kennengelernt, als ich 16 Jahre alt war. Ich fragte sie einmal, ob es nicht schwierig ist mit einem Mann zu leben, der von allen verehrt wird. Darauf antwortete sie ‚man muß sich ihm anpassen, dann geht es gut.' Ich wollte wissen, wobei das Anpassen am schwersten fällt und sie sagte ‚bei seinen Eßgewohnheiten.'"

Frau Saran schüttelt sich und verzieht ihr Gesicht, als hätte sie in eine saure Zitrone gebissen. „Er liebte bittere *Chutneys* besonders. Sie wissen, das sind kleingeschnittene, eingelegte Gemüsestücke. Und die waren gar nicht nach Bas Geschmack. Sie selbst aß lieber *Puris*, in schwimmendem Fett gebackene Pfannkuchen und pikante Pickles."

Gleich in der ersten Zeit nimmt Gandhi eine Familie Unberührbarer im Ashram auf, was zu ernsten Schwierigkeiten mit seinen Geldgebern führt. Sie ziehen ihre Unterstützung zurück. Mit vielen Ideen Gandhis haben sie sich einverstanden erklärt, aber das öffentliche Zusammenleben mit Unberührbaren wollen sie nicht tolerieren. Seit Jahrhunderten sind die Unberührbaren durch das Kastensystem an den Rand der Gesellschaft verbannt und müssen die schweren und schmutzigen Arbeiten verrichten. Kastenhindus achten darauf, keinen physischen Kontakt mit ihnen zu haben, aus Furcht vor Verunreinigung. Selbst die Tempel dürfen Unberührbare nicht betreten. Und diesen Ausgestoßenen gestattet Gandhi nun im Ashram zu leben, obwohl der Kontakt mit ihnen als erniedrigend gilt. Seine Gönner fühlen sich in ihrer Großzügigkeit mißbraucht.

In seinen Memoiren schreibt Gandhi: „Die Aufnahme (der Unberührbaren) in den Ashram löste unter den Freunden, die beim Aufbau geholfen hatten, große Aufregung aus. Die erste Schwierigkeit ergab sich bei der Benutzung des Brunnens. Der Mann, der den Schwengel drehte, wollte uns kein Wasser geben, weil er fürchtete, ein Tropfen aus unserem Eimer könnte ihn verunreinigen. Alle finanzielle Hilfe brach ab. Meiner Frau und den anderen Frauen schien die Zulassung der unberührbaren Freunde auch nicht zu behagen. Aber wir hatten ja gleich zu Beginn der Welt verkündet, daß im Ashram die Unberührbarkeit nicht geduldet wird."

Es gelingt Gandhi, wenigstens die Bewohner des Ashrams zu überzeugen, daß die Unberührbaren bleiben müssen. Auch Kasturba gibt ihren Widerstand auf. Aber die finanzielle Lage wird von Tag zu Tag kritischer. Die Kaufleute aus Ahmedabad schikken keine Spenden mehr. Das Weiterbestehen des Ashrams scheint ernsthaft gefährdet. Da passiert das Unvorhergesehene, das Gandhi und seine Anhänger rettet. Ein Unbekannter gibt eine Tasche mit 13 000 Rupien ab. Seinen Namen nennt der Mann nicht.

Vom Druck finanzieller Sorgen befreit, verkündet Gandhi seinen nächsten Schritt. Er will die siebenjährige Tochter der Unberührbaren adoptieren. „Du wirst das Kind wie unser eigenes aufnehmen und es lieben," verlangt er von Kasturba, als er sieht wie entsetzt sie über seinen Plan ist. Und Kasturba fügt sich wieder. Sie hat längst erfahren, daß ihr Mann sehr hartnäckig ist, wenn er seine Ideen durchsetzen will. Aber lieben kann sie das Kind nicht, auch wenn sie es sich nicht anmerken läßt. Sie nimmt das Mädchen in ihrer Hütte auf, versucht es wie ihr eigenes Kind zu erziehen. Ohne Erfolg.

„Das Mädchen war undankbar und mürrisch," sagt Sumitra Kulkarni, die Enkelin Kasturbas, mit der ich über das Verhältnis ihrer Großeltern zu den Unberührbaren spreche. Sie sagt von sich selbst, daß ihr in der Jugend nicht bewußt war, welcher Kaste sie angehört. In ihrer Erziehung habe es keine Rolle gespielt. Deshalb nimmt sie auch das adoptierte Mädchen in Schutz. „Es hat wahrscheinlich nichts damit zu tun, daß sie eine Unberührbare ist. Es ist wie in einer Familie, einige sind still, einige sind fröhlich und umgänglich, andere sind schlecht gelaunt.

Meine Großmutter hat Lakschmi, so heißt die Unberührbare, aufgenommen, hat sie angelernt und sich große Mühe mit ihr gegeben. Natürlich hat sie im Anfang ihre traditionellen Vorbehalte überwinden müssen. Aber Lakschmi gehörte zur Familie. Meine Onkel, die damals schon erwachsen waren, akzeptierten sie auch. Sie wurde verwöhnt, umsorgt, bekam das beste Essen. Und sie hatte jede Gelegenheit zu lernen. Aber sie lernte nicht."

Für die Großmutter tut es Sumitra Kulkarni leid, daß kein herzliches Verhältnis entstehen konnte. „Lakschmi war nie diszipliniert, hat nie unsere Bräuche angenommen," fährt sie fort. „Zu Diwali, zu unserem Lichtfest, mache ich mit meinem Mann und meinen Kindern Besuche bei alten Menschen, die wir lieben und verehren. Dabei verbeugen wir uns vor ihnen und berühren ihre Füße. Aber Lakschmi hat es nie für nötig gehalten das zu tun, oder wenigstens einen Brief zu schreiben. Sie hätte all das lernen können..."

Bei Lakschmi hat Kasturba nicht erreicht, was Gandhi von ihr erwartet. Dafür wird sie bei der sozialen Arbeit außerhalb des Ashrams bald zu einer unentbehrlichen Stütze. Gandhi sieht eine wichtige Aufgabe darin, die Arbeitsbedingungen auf den Baumwollplantagen zu verbessern und die Arbeiter von der Willkür und Ausbeutung der Plantagenbesitzer zu befreien. Aufklärung über ihre Rechte und Schulung der Familienmitglieder stehen dabei im Vordergrund. Kasturba, die selbst nicht lesen und schreiben kann, versucht ihnen Ordnung, Sauberkeit, Disziplin und Rücksichtnahme beizubringen. Sie unterweist Frauen und Kinder auf diesen Gebieten, die im Leben oft größere Bedeutung haben als klassische Schulbildung. Wie wichtig diese Fähigkeiten im Zusammenleben mit anderen sind, hat Kasturba in der harten Schule des Lebens bei ihrem Mann und Lehrmeister gelernt. Jetzt ist sie darin vorbildlich und gibt ihre Erfahrung an die Armen und Benachteiligten weiter.

Gandhi kann auf ihre Mitarbeit nicht mehr verzichten. Bei den Besuchen in den Hütten der Dorfbewohner findet sie den richtigen Ton, bekommt auf ihre einfach gestellten Fragen immer eine ehrliche Antwort. Kasturba kommt auch dort zum Ziel, wo andere qualifizierte Mitarbeiter Gandhis versagen. Wenn es Schwierigkeiten gibt, wird die Ba geschickt, um die Ursachen zu ergründen.

Warum waschen die Frauen in den Dörfern ihre Kleider nicht, obwohl sie gelehrt werden, daß Sauberkeit und Hygiene als Grundlagen für ein besseres, gesünderes Leben wichtig sind? Im Ashram findet niemand eine Erklärung. Aber vor Kasturba scheuen sich die Frauen nicht, geradeheraus zu reden. „Sag' dem Mahatma, er soll mir einen zweiten Sari geben," sagt eine Frau, „dann versprech' ich ihm, jeden Tag zu baden und meine Kleidung zu waschen."

So einfach ist das. Die Frau besitzt nur einen Sari.

9.

Besuch bei Manibehn Patel

Ahmedabad ist heute eine Stadt von ungefähr 2 Millionen Einwohnern. Sie wurde Anfang des 15. Jahrhunderts gegründet und ist durch den Anbau von Baumwolle und Indigo in der Umgebung schnell zu Reichtum gekommen. Wegen des „weißen Goldes", wie die Baumwolle oft bezeichnet wird, nennen viele Ahmedabad das indische Manchester. Der Moghul-Kaiser Jahangir hatte Anfang des 17. Jahrhunderts eine andere Bezeichnung für die Stadt, er nannte sie „Stadt des Staubes".

Diese Bezeichnung, so scheint mir, trifft auch heute noch zu. „Sie können nicht allein fahren," sagt Direktor Trivedi, „ich werde Sie begleiten. Wir sind zu fünf Uhr angemeldet." Ich bin sehr froh, daß er Zeit hat mitzukommen. Denn wir müssen zum anderen Ende der Stadt, und indische Rickscha-Fahrer tun sich oft schwer, die angegebene Adresse zu finden. Rechtzeitig machen wir uns auf den Weg zu Manibehn Patel, der Tochter von Vallabhai Patel, der nach der Unabhängigkeit stellvertretender Premierminister war. In ihrer Jugend hat sie im Ashram gelebt, kennt alle Freunde Kasturbas und viele Anhänger Gandhis. Ihr Vater war einer von ihnen. Manibehn Patel ist mit der Freiheitsbewegung aufgewachsen. „Sie kann sehr interessant erzählen," sagt Direktor Trivedi, der neben mir in der Motorrickscha sitzt.

Aber ich höre ihm kaum zu, denn mein Herz schlägt bis zum Hals hinauf. Selten habe ich in einem Fahrzeug so viel Angst gehabt. In einer Wolke von gelbem Staub fahren wir durch die Stadt. Man kann kaum fünf Meter weit sehen. Aber den Fahrer stört das nicht. In gewagten Mannövern biegt er um Ecken, weicht Fahrrädern aus, auf denen bis zu vier Personen hocken, und fährt um ein Haar in einen Ochsenwagen, der mitten auf der Straße stehen geblieben ist. Alle schimpfen und gestikulieren, dann geht die Fahrt weiter. Quer durch Ahmedabad tuckert die Rickscha, oft von Fehlzündungen geschüttelt. Wenn Direktor Trivedi nicht immer wieder die Richtung angeben würde, kämen wir wohl nie zum Ziel. Ob wir es heil erreichen würden, blieb für mich während der ganzen Fahrt die Frage.

Manibehn Patel bewohnt ein Zimmer in einer etwas heruntergekommenen Villa am Stadtrand. Ihr Haus steht in einem Garten mit schönen alten Bäumen. Die Häuser in der Nachbarschaft machen den gleichen vernachlässigten Eindruck. Mit einer freundlichen Handbewegung fordert uns Manibehn Patel auf hereinzukommen, mit einer sehr viel energischeren bedeutet sie der Schar herumstehender Kinder, zu verschwinden. Ich bin erstaunt, wie klein sie ist. Obwohl sie sich mit ihren 80 Jahren noch sehr gerade hält, reicht sie mir kaum bis zur Schulter.

Ihr Zimmer hat Stil. Zwei breite, bequeme Schaukeln hängen mitten im Raum an armdicken Messingketten von der Decke herunter. Sie sind mit Kissen und weichen Perserbrücken belegt. Rundherum an den Wänden stehen Metallschränke, in denen alte Bücher, Stoffe und Medizinflaschen aufbewahrt werden. Der Raum hat die Atmosphäre von sinnvoller Ordnung und Zweckmäßigkeit, die mich sehr beeindruckt. Außer den beiden Schaukeln gibt es keine Sitzgelegenheiten, und Manibehn Patel lädt uns ein, auf einer Platz zu nehmen. Sie selbst sitzt auf der anderen und hält sie ständig in leicht schaukelnder Bewegung. Zerbrechlich und doch jugendlich sieht die alte Dame in ihrem weißen Sari aus. Unwillkürlich muß ich an indische Miniaturmalereien aus dem Mittelalter denken. Sie wirkt, wie aus einer anderen Welt. „Was wollen Sie wissen," fragt sie mich. „Ich höre, Sie kommen von weit her."

„Erzählen Sie mir vom Leben im Ashram," bitte ich sie.

Sie tut es bereitwillig. „Das war ein sehr einfaches Leben," erinnert sie sich. „Ich wohnte in einem kleinen Raum, neben Kasturbas Raum. Dort hatte ich ein Bett, ein Bord für meine Bücher, einen Stuhl und meine Zitar. Das war alles. Ich lebte wie alle anderen. Ich wusch auch meine Wäsche selbst. Weichte sie mit Seife ein, wusch sie in heißem Wasser und trug das Bündel auf meinem Kopf herunter zum Fluß, um es auszuspülen. Der Freitag war immer Feiertag im Ashram. Da machte ich Einkäufe in der Stadt. Vorher fragte ich Kasturba und Gandhi ob ich ihnen etwas mitbringen soll, und das besorgte ich dann auch."

KASTURBA

Voller Stolz erzählt Manibehn Patel, daß sie den Vorratsraum im Ashram verwaltete und deswegen regelmäßig einkaufen mußte. „Und wie, glauben Sie, kam ich vom Ashram in die Stadt?" Sie sieht mich fragend an. „Auf einem Fahrrad! Ich fuhr die Hauptstraße entlang auf meinem Fahrrad. Die Leute starrten mich natürlich an. Denn niemand fuhr damals mit einem Fahrrad, schon garnicht ein Mädchen. Ich war hier die allererste."

Kasturba hat ein besonders liebevolles Verhältnis zu Manibehn. „Wenn sie etwas Besonderes kochte, bewahrte sie immer etwas für mich auf. Sie kam und holte mich, damit ich davon esse. Sie liebte mich wirklich sehr."

Und dann erzählt sie vom entbehrungsreichen Leben, das alle im Ashram führten. Die Zahl der Anhänger, die im Ashram wohnen, wächst ständig. Der Strom der Besucher reißt nicht mehr ab. Aber die sanitären Einrichtungen bleiben äußerst primitiv und unzulänglich. Es ist erstaunlich, daß keine Seuchen ausbrechen. „Gewöhnlich standen wir um 4 Uhr morgens auf," erinnert sich Manibehn Patel. „Wir putzten uns die Zähne und wuschen uns. Um ½5 fing die Andacht an. Und nach der Andacht bekam jeder seine Arbeit zugeteilt. Wir hatten damals keine Spülvorrichtung in unseren Abtritten, deshalb kamen Urin und Stuhl in zwei verschiedene Behälter. Um sie zu säubern, mußten wir sie entleeren, mit Wasser auswaschen und die Behälter trocknen lassen, damit sie am Abend wieder aufgestellt werden konnten. Fliegen durfte es nicht geben. Und wenn man alles sauberhält, kommen sie auch nicht."

Wohl um mir zu beweisen, daß sie mit dieser Behauptung recht hat, fügt sie hinzu, „sehen Sie, hier bei mir ist keine Fliege. Aber gehen Sie mal nach nebenan, da finden Sie Fliegen."

Manibehn Patel ist für Gandhis Ideen, die sie verbreiten half, neunmal verhaftet worden. Die Haftzeiten dauerten von 15 Tagen bis zu 15 Monaten. Allein, manchmal auch mit Kasturba zusammen, hat sie in englischen Gefängnissen gesessen, weil sie „die Gesetze verletzt" hat. Nach ihrer Entlassung hat sie jedesmal unbeirrt die Arbeit wieder aufgenommen. Ihr Leben hat sie seit der Zeit im Ashram nicht geändert. Sie steht auch im hohen Alter frühmorgens auf, wäscht ihre Wäsche und spinnt danach eine Stunde lang. Der weiße Sari, den sie trägt, ist aus selbstgesponnenem Garn gewebt. Ihr ganzes Leben lang hat sie zwei Saris im Gebrauch und zwei zur Reserve im Schrank, so wie Gandhi es immer wollte. Jeden Tag spinnt Manibehn Patel, gleichgültig, wo sie sich aufhält. Auf Reisen sogar während der Fahrt im Eisenbahnabteil. „Ich kann Ihnen mein Reisespinnrad zeigen," sagt sie, geht an den Schrank und holt einen Holzkasten heraus. Mit zwei Handgriffen klappt sie das Spinnrad auf, das ein wenig an den Plattenteller eines Grammophons erinnert.

Mein Besuch bei dieser interessanten Frau nimmt ein unvorhergesehenes Ende. Die alte Dame sieht auf ihre Armbanduhr, die sie wegen ihres schlanken Handgelenks am Oberarm trägt, schaut mich danach freundlich an und sagt leise, aber bestimmt, „es ist Zeit zum Beten." Sie schlägt das kleine Büchlein auf, das neben ihr auf der Schaukel liegt, setzt die völlig verbogene Stahlbrille auf und fängt, ohne auf mich zu achten, zu beten an.

„Diese Frau macht immer was sie will," sagt Direktor Trivedi, als wir leise die Haustür hinter uns zumachen. „Dabei ist es ihr egal, was andere von ihr denken. Ich habe sie erlebt, wie sie in der Zeit, als Gandhi und ihr Vater die Verfassung Indiens ausarbeiteten, das Sekretariat ihres Vaters leitete. Damals kamen viele Maharadschas und kleine Herrscher zu ihrem Vater, um Bedingungen für ihr Gebiet auszuhandeln. Einen Termin bekamen sie von Manibehn, sie teilte die Zeit ein, von ihr hing alles ab. Damals haben die Herrscher vor ihrem Schreibtisch Schlange gestanden. Manibehn hat sie immer bis zur letzten Minute im Ungewissen gelassen, ob die Verabredung zustande kommt. Ich hatte oft das Gefühl, daß ihr das großen Spaß machte."

Ich glaube Direktor Trivedi aufs Wort. Der Schalk sitzt heute noch in ihren Augen, selbst mit 80...

Manibehn Patel ist nicht die einzige, die sich dankbar an Kasturbas Liebe und Fürsorge erinnert und gerne an das Leben im Ashram zurückdenkt. Auch Sushila Nayar spricht voller Wärme von der Ba, die sie als 12jähriges Mädchen zum ersten Mal näher kennenlernt. Ihr Bruder, Pyarelal Nayar, einer von Gandhis Sekretären, hatte sie einmal während der Schulferien in den Ashram mitgenommen.

„Kasturba war damals sehr nett zu mir," sagt sie. „Ich war noch nie von zu Hause fort gewesen. Ich hatte keine Ahnung, wie man Kleider wäscht. Im

Ashram machte das jeder selbst und so mußte mich Kasturba im Anfang anleiten. Manchmal bat sie andere mir zu helfen, wenn ich Wasser aus dem Brunnen schöpfen wollte, aber nicht wußte, wie man es macht. Sie war auch die einzige, die sich erkundigte, ob ich schon die Sehenswürdigkeiten von Ahmedabad kenne und dann veranlaßte, daß man mir alles zeigt." Rückblickend stellt Sushila Nayar fest, daß sie schon als Kind von Kasturba sehr beeindruckt war. „Sie war voller Würde und Selbstvertrauen, gleichgültig mit wem sie sprach. Selbst in Gegenwart von Prinzessinnen war sie die Beeindruckende und nicht die adligen Damen."

Die weißen Stoffe, die Manibehn Patel und viele andere von Gandhis Anhängern auch heute noch tragen, sind damals, in den zwanziger Jahren, ein Symbol im Wirtschaftskrieg gegen die englische Kolonialmacht gewesen. Sie spinnen das Garn selbst. Gandhi und seine Helfer machen große Anstrengungen, um der Landbevölkerung Spinnräder zu beschaffen und sie spinnen zu lehren. Immer mehr Menschen tragen *Khadi*, den grob wirkenden Stoff, und bekennen sich damit zum Boykott gegen importierte, teure britische Textilien.

Es gibt kaum einen Bewohner im Ashram, der nicht spinnen lernt. Auch Gandhi gehört dazu. Kasturba ist besonders geschickt und wird zur besten Spinnerin. Wer die Kunst beherrscht, unterweist die Frauen in den umliegenden Dörfern. Gandhi legt sein weiches, dünnes Hemd und seinen *Dhoti*, ein langes Tuch, das auf traditionelle Weise um Hüften und Beine geschlungen wird, für immer ab und trägt nur noch *Khadi*. Er hofft, damit andere zu veranlassen seinem Beispiel zu folgen und so die Nachfrage nach *Khadi* zu steigern. Und tatsächlich erreicht er es, daß *Khadi* auch in wohlhabenden Kreisen akzeptiert wird. Reiche Kaufleute, Landbesitzer, Bankbeamte und Industrielle vertauschen ihre wertvollen Seiden- und Chiffonanzüge mit einem einfachen, grobgewebten Hemd aus selbstgesponnenem Garn.

In den frühen zwanziger Jahren gehen Gandhis Forderungen noch weiter. Die Menschen sollen sich nicht nur einfach kleiden, sie sollen auch keinen Schmuck tragen und auf jeden Luxus verzichten. Vor allem die Frauen. Kasturba gilt als Beispiel, das zur Nachahmung empfohlen wird. Im Juli 1921 veranstaltet Gandhi eine öffentliche Kleiderverbrennung, um auf seine Forderungen aufmerksam zu machen.

Raksha Saran, die damals wie heute zur obersten Schicht des Landes gehört, hat das Ereignis noch lebhaft vor Augen.

„Wir haben damals alle *Khadi* getragen," erinnert sie sich. „Gandhi sagte, wir sollen unsere kostbaren Kleider verbrennen. Wir wollten sie ja lieber armen Menschen geben, aber er war dagegen. Das wäre Gift für sie, das würde nur Gelüste wecken, es sei besser, wenn wir sie verbrennen würden. Er sagte auch, wir sollten keine ausländischen Stoffe tragen. Was kann an ausländischen Kleidungsstücken schön sein, wenn sie im eigenen Land Millionen Menschen arm und unglücklich machen, meinte er. Ich habe seitdem nie mehr etwas Ausländisches getragen," erklärt sie und streicht über die Falten ihres

Baumwollsaris mit dem traditionellen Lotosblattmuster. „Auch heute nicht. Jeder hatte damals zwei Saris, selbstgesponnene und selbstgewebte Saris. Gandhi sagte damals, tragt, was ihr selbst spinnen und weben könnt. Mehr braucht ihr nicht."

Gandhi kann mit dem Erfolg seiner Kampagne zufrieden sein. Es gelingt ihm seine Landsleute zu überzeugen, daß den armen Landarbeitern geholfen werden muß, aber „not help – but self-help", nicht Hilfe – sondern Selbsthilfe sei die richtige Methode.

10.
Der charmante Mahatma

Nach dem Blutbad von Amritzar, wo im April 1919 bei einer Versammlung auf einem öffentlichen Platz 370 Menschen von englischen Soldaten erschossen und über tausend verletzt werden, gilt Gandhi bei seinen Landsleuten als anerkannter Führer im Kampf um Freiheit und Unabhängigkeit. Menschen der unterschiedlichsten sozialen Schichten und Kasten zählen zu seinen Anhängern. Er versteht es, sie für seine Ideen zu gewinnen, sie einzusetzen, für sich arbeiten zu lassen. Unter ihnen sind viele Frauen. Einige werden weit über die Grenzen Indiens hinaus bekannt, wenn sie Gandhis Ideen und seinen Freiheitskampf in der westlichen Welt interpretieren.

Sarojini Naidu, eine anerkannte indische Dichterin, wird zur Botschafterin des Mahatma in England und in den USA. Als gebildete Frau aus der höchsten Kaste hat sie Zugang zu allen Kreisen im In- und Ausland, kann überzeugend über die Probleme der Menschen in ihrer Heimat sprechen. Ihr politisches Engagement wird zur großen Hilfe für Gandhi. Zu Kasturba hat sie freundschaftliche und herzliche Beziehungen. Das Gefühl, unterlegen zu sein, empfindet Kasturba in Gegenwart der strahlend schönen Frau nicht. Durch ihre Natürlichkeit gelingt es ihr immer wieder, zu Frauen extrem unterschiedlicher Typen enge Freundschaften zu pflegen.

Frauen, die zu Gandhis Anhängern zählen, fühlen sich in den meisten Fällen nicht nur von seinen Ideen angezogen, sie folgen eben so sehr dem Mann, der zwar auf viele häßlich und grotesk wirkt, aber viel Charme entwickeln kann. Frauen sind ständig in seiner Nähe, erfüllen ihm alle Wünsche, betrachten es als Auszeichnung, wenn sie Handreichungen machen dürfen. Gandhis Umgebung und auch Kasturba gewöhnen sich daran. Welchen Eindruck aber die ständige Gegenwart von Frauen auf Ausländer macht, die immer zahlreicher den Ashram besuchen, schildert Patricia Kendall, eine amerikanische Schriftstellerin, in ihren Berichten.

„Nackt, nur mit dem Lendentuch bekleidet, sitzt Gandhi auf der Matte am Boden, seine dünnen Unterschenkel an die Oberschenkel gelegt, die Fußsohlen zeigen nach oben. Seine Hände sind mit dem Spinnrad beschäftigt und rechts und links von ihm sitzen Sekretäre, die jedes Wort, das von seinen Lippen fällt, aufschreiben. Vor ihm kniet in hingebungsvoller Verehrung eine Frau." So schildert sie die Szene, die sie vorfindet, als sie Gandhi vorgestellt wird. „Mit zwei kleinen Augen über der enorm großen Nase und dem breiten, fast zahnlosen Mund, blitzt er einen an. Die Augen eines Strategen, die Nase eines Diktators, der Mund eines Monologisten. Riesige, durchlöcherte Ohren umrahmen das braune Gesicht, und ein Haarschopf, an dem alle Hindus von ihren Göttern in den Himmel emporgehoben werden, hängt am kahlgeschorenen Schädel."

Das ganze ein unglaubliches Bild, nach dem Urteil der kühl abwägenden Amerikanerin. Zumindest Verwunderung drücken auch Freunde Kasturbas aus, wenn sie mit mir über die vielen Frauen in Gandhis Umgebung sprechen.

„Wir waren damals alle sehr erstaunt darüber, daß Gandhi von so vielen jungen Frauen mit Beschlag belegt wurde," sagt Aruna Asaf Ali in ihrem Redaktionsbüro von „*Link*". Auf meine Frage, ob Kasturba auf diese Frauen eifersüchtig war, bekomme ich unterschiedliche Antworten. Sumitra Kulkarni, Kasturbas Enkeltochter, antwortet mit einem klaren nein. Ihre Großmutter sei nie verunsichert gewesen oder eifersüchtig geworden angesichts der vielen Frauen, „die offensichtlich hinter Gandhi her waren, in ihn verliebt waren oder ihn anhimmelten. Meine Großmutter war sich ihrer Stellung bewußt, in der sie sich auch durch die zahllosen eleganten, klugen und gebildeten Frauen nicht bedroht fühlte. Sie muß ein gesundes Selbstvertrauen gehabt haben. Mit ihrem selbstbewußten Auftreten konnte sie recht spitz zu Großvater sein. Aber nie boshaft. Ihre Liebe zu ihrem Mann war sehr groß und kannte keine Grenzen. Und ihr Vertrauen war auch groß. Mochten sich doch all diese Frauen an ihn heranmachen, mochte er mit ihnen neue Ideen haben. Er gehörte ihr, und sonst niemandem."

Raksha Saran überlegt etwas länger, ehe sie meine Frage beantwortet. „Kasturba eifersüchtig?

Ja, ich glaube auf Mira. Aber die war auch ein besonderer Fall. Wie sie sich schon kleidete! In diesen langen, groben, bauschigen Roben! Und das komische Essen, das sie sich kochte, mir wurde immer übel, wenn ich es nur roch."

Und dann erzählt Raksha Saran etwas ausführlicher. Mira – ihr richtiger Name war Madeleine Slade – war die Tochter des britischen Admirals Sir Edmund Slade. Als 18jährige war sie mit ihrem Vater zu einem längeren Besuch nach Bombay gekommen. Indien machte einen tiefen Eindruck auf sie. Mit 33 Jahren kommt sie zum zweiten Mal ins Land, diesmal als erklärte Anhängerin von Gandhis Ideen. Sie ist gut vorbereitet. Bei Schweizer Bauern hat sie das einfache Leben kennengelernt, während der Überfahrt nach Indien an Bord ihre Pariser Garderobe verbrannt. Bei ihrer Ankunft auf dem Bahnhof von Ahmedabad trägt sie ein grobes, einfach geschnittenes Gewand. Als sie zu Gandhi gebracht wird, fällt sie ihm zu Füßen.

Viele Jahre lang gehört Mira zu Gandhis näherer Umgebung, ständig bemüht, seine Aufmerksamkeit auf sich zu lenken, Gunstbezeugungen von ihm zu erhalten. Immer wieder bittet sie darum, mit schwierigen Aufgaben betraut zu werden. Wenn Gandhi auf Reisen geht und sie nicht zu seiner Begleitung gehört, schreibt sie ihm täglich Briefe. Jeder Blick, jedes freundliche Wort von ihm macht sie glücklich. Mira Slade gehört zu den Frauen, die sich bei vielen Gelegenheiten Gandhi zu Füßen werfen.

Ob der Politiker, der Freiheitskämpfer Gandhi die Verehrung, die er täglich von allen Seiten erfährt, genießt, oder dies alles nur erträgt, ist nicht ganz klar. Zu Patricia Kendall, der amerikanischen Schriftstellerin, sagt er, „wer in Indien ein politischer Führer sein will, muß erst ein Heiliger werden."

Dieser Mann führt 400 Millionen Inder im Kampf um ihre Freiheit. Kasturba, seine Frau, steht hinter ihm, ohne aufzufallen. Von dem Charme, der auf andere Frauen anziehend wirkt, spürt sie nichts. Sie ist für alle da, die Rat, Liebe und Wärme brauchen, sie ist die sorgende Mutter, die Ba. Mit dieser Rolle hat sie sich längst identifiziert. Und so sehen sie auch Außenstehende. Auf einer Reise nach Ceylon, auf der Kasturba ihren Mann begleitet, wird Gandhi gefragt, wer die Frau an seiner Seite sei. Seine Mutter? Amüsiert bejaht er diese Frage. Ein paar Tage später erklärt er seinen Freunden, wie diese Antwort gemeint ist. Er erklärt ihnen sein Verhältnis zu Kasturba.

„Seit Jahren schon ist sie im beiderseitigen Einverständnis nicht mehr meine Frau. Vor 40 Jahren wurde ich Waise, und seit beinahe 30 Jahren nimmt sie den Platz meiner Mutter ein. Sie ist eine Mutter, eine Freundin, eine Krankenschwester, eine Köchin, eine Tellerwäscherin und vieles mehr. Wenn sie frühmorgens mit mir käme, um Ehrbezeugungen entgegenzunehmen, hätte ich kein Essen, niemand kümmerte sich um meine Kleidung und meine sonstigen Bedürfnisse. So kamen wir zu dem vernünftigen Übereinkommen: ich nehme alle Ehrungen entgegen, sie übernimmt alle Plackerei."

An Plackerei hat es im Ashram nie gefehlt. Mittlerweile wohnen ungefähr 200 Menschen am Fluß, für deren Unterbringung und Versorgung Kasturba die Verantwortung trägt. Mit heller, klarer Stimme gibt sie ihre Anweisungen, ihre blitzenden Augen sehen alles. K. P. Thomas nennt sie liebenswürdig, aber wenn es darauf ankommt auch streng, unbarmherzig und entschlossen. In ihrem Teil des Hauses, zu dem auch die Küche gehört, herrscht sie nach ihren eigenen Vorstellungen. Bei dem großen Arbeitspensum, das täglich zu bewältigen ist, kann sie sich nicht schonen. Aus ihrer Küche werden die Besucher Gandhis, die eigenen Enkelkinder und 20 Bewohner des Ashrams versorgt. Die anderen Bewohner sind auf weitere Küchen verteilt. Natürlich gibt es Helfer bei der Küchenarbeit, aber das Kochen übernimmt Kasturba selbst. Ihre Energie sei ungeheuer, schreibt K. P. Thomas. Ihr Temperament auch. Sie stelle hohe Anforderungen an ihre Küchenhilfen. Da sie selbst auf die Minute pünktlich sei, treibe sie andere mit unnachgiebiger Strenge zur Arbeit an. Faulenzen und Herumtrödeln gäbe es nicht. Mehrere junge Leute, die zu ihr kommen um zu helfen, mußten wieder gehen. Nur wer zuverlässig und gut arbeite, hätte keine Schwierigkeiten zu befürchten.

Da der Ashram immer mehr zum politischen Zentrum Indiens wird, kommen oft auch unangemeldet Gäste, die Kasturba aus ihrer Küche beköstigen muß. Wie jede andere Hausfrau ist sie über plötzliche Umstellungen im Küchenplan wenig erfreut. Gandhi ist sich bewußt, daß es zusätzliche Arbeit bedeutet und bittet sie bescheiden, fast ängstlich darum, einige Portionen mehr zu kochen. Kasturba amüsiert sein Verhalten und als sie mit ihm darüber redet, antwortet er, „weißt du denn nicht, daß ich in solchen Fällen Angst vor dir habe?"

Und tatsächlich soll dieser Mann, dem nichts und niemand auf der Welt Angst machen kann, hier und da seine Frau ein wenig gefürchtet haben.

11.

Der Salzmarsch

Gandhi und seine Anhänger starten vom Ashram in Ahmedabad immer neue Aktionen des Zivilen Ungehorsams, der ein Teil des gewaltlosen Widerstands ist. Unzählige Male werden sie von der britischen Kolonialverwaltung verhaftet. Meist sind es großangelegte Aktionen, bei denen sich dann die Gefängnisse im ganzen Land mit Freiheitskämpfern füllen. Als Gandhi am 18. März 1922 wegen Aufwiegelung in Ahmedabad zu sechs Jahren Gefängnis verurteilt wird, überwindet sich Kasturba zum ersten Mal und tritt an die Öffentlichkeit. Sie richtet einen flammenden Appell an ihre Landsleute, um alle zur Fortführung des Kampfes aufzufordern.

„Liebe Männer und Frauen unseres Landes," ruft sie ihnen zu. „Mein lieber Mann ist heute zu sechs Jahren Gefängnis verurteilt worden. Ich kann nicht leugnen, daß sich diese harte Strafe auch auf mich auswirkt, aber ich habe mich mit dem Gedanken getröstet, daß es uns möglich ist, das Urteil zu mildern und aus eigener Anstrengung heraus seine Freilassung zu erwirken, lange bevor die Haftstrafe beendet ist.

Wenn Indien erwacht und ernsthaft das konstruktive Programm des Indischen Kongresses verwirklicht, habe ich keinen Zweifel, daß wir seine

Freilassung erreichen und auch die drei wichtigsten Maßnahmen unseres Kampfes und unserer Leiden in den letzten 18 Monaten weiterführen können.

Wir können Abhilfe schaffen. Wenn wir es nicht zustande bringen, haben wir versagt. Deshalb appelliere ich an alle Männer und Frauen, die Mitleid mit mir haben und meinen Mann achten, sich mit ganzem Herzen für das konstruktive Programm einzusetzen und es zum Erfolg zu führen.

Unter den vielen Forderungen des Programms legt er auf Spinnrad und *Khadi* den größten Wert. Wenn wir auf dem Gebiet Erfolg haben, lösen wir nicht nur ein wirtschaftliches Problem Indiens und seiner vielen Menschen, wir befreien uns auch von unseren politischen Fesseln. Die Antwort Indiens auf Herrn Gandhis Verurteilung sollte sein:

Erstens, Männer und Frauen tragen keine ausländischen Stoffe mehr, sondern nur noch *Khadi*. Sie überreden andere, das gleiche zu tun. Zweitens, alle Frauen sehen es als religiöse Pflicht an, jeden Tag Garn zu spinnen und andere zu überreden, es auch zu tun. Drittens, alle Kaufleute beenden den Handel mit ausländischen Gütern."

Der Aufruf findet Gehör. Die Frauen des Landes beteiligen sich zu Tausenden an den Boykottmaßnahmen und an Aktionen des Zivilen Ungehorsams. Die Auswirkungen sind in England bald empfindlich zu spüren. Englische Stoffe finden in Indien keinen Absatz mehr. Die Zahl der Arbeitslosen in den Webereien von Manchester steigt. Um Indien als Absatzmarkt nicht ganz zu verlieren, wehrt sich

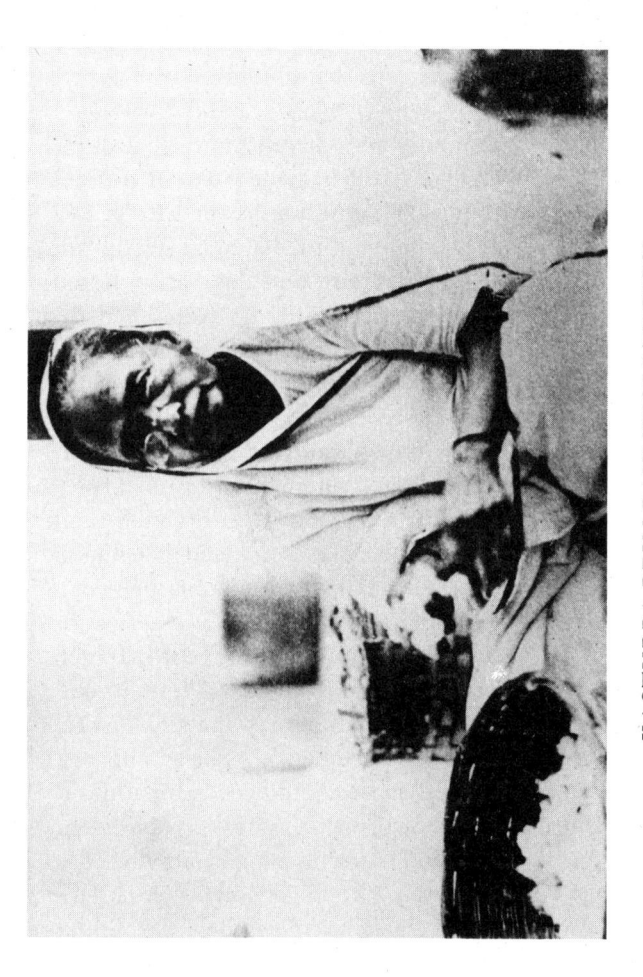

KASTURBA BEIM BAUMWOLLZUPFEN

die Kolonialmacht mit allen Mitteln. Aber die protestierenden Frauen, mit Kasturba als Vorbild, scheuen selbst die rohe Gewalt der Polizeiknüppel nicht. Zu Tausenden werden sie verhaftet und sitzen monatelang in Gefängnissen.

Später ruft Gandhi zu weiteren Aktionen auf. Bis zur Unabhängigkeit sollen keine Steuern gezahlt werden. Auch mit dieser Aktion hat er Erfolg. Die spektakulärste Maßnahme ist der Salzmarsch, mit dem gegen hohe Salzpreise und das Salzmonopol der Engländer protestiert wird. Im tropischen Indien können die Menschen, ja selbst die Tiere, ohne Salz nicht leben und so beschließt Gandhi selbst Salz zu machen. Am 12. März 1930 bricht er mit seinen Anhängern vom Ashram in Ahmedabad auf. Drei Wochen lang marschieren sie die fast 400 Kilometer bis zur Küste nach Dandi, um dort am Strand Salz aufzusammeln. Kein Auto, keine Eisenbahn werden benutzt, der 61jährige Mahatma geht den langen Weg zu Fuß.

75 000 Menschen, darunter viele Frauen, folgen ihm. Die dramatische Wirkung dieser Aktion ist einkalkuliert. Fünfzehn bis fünfundzwanzig Kilometer legt er täglich mit seinen Anhängern zurück. Bei den kurzen Pausen werden sie überall von Sympathisanten und Verehrern begrüßt. Zeitungskorrespondenten aus dem Ausland marschieren mit, um über das Ereignis zu berichten. Die Inder holen sich zu Fuß Salz, wo sie es im eigenen Land finden. Die Bilder von Gandhi, wie er den ersten Klumpen Salz aufhebt, gehen um die ganze Welt.

Überall im Land werden ähnliche Märsche organisiert. Plötzlich will jeder selbst Salz machen und die Kampagne des Zivilen Ungehorsams breitet sich immer weiter aus. Yawaharlal Nehru, der spätere Ministerpräsident, beschreibt, wie er und seine Kollegen Salz sammeln. Es war „eher gesundheitsschädigend" bemerkt er, aber es war „völlig unbedeutend, ob das Zeug gut oder schlecht war, Hauptsache: wir hatten gegen das verhaßte Salzgesetz verstoßen..."

Eine Welle von Verhaftungen folgt, Gandhi und 60 000 Inder sitzen wegen Übertretung des Salzgesetzes in indischen Gefängnissen.

Kasturba nimmt an vielen Protestaktionen teil, gleichgültig ob politische oder soziale Forderungen erhoben werden. Sie will dabei nicht als Frau des Mahatma herausgestellt werden oder Sonderbehandlung bekommen, sondern wie alle anderen einfach als Anhängerin Gandhis gelten. Auch dann, wenn sie verhaftet wird. Protestaktionen gehören nach ihrer Auffassung jetzt genau so zu ihren Pflichten wie Hausarbeit.

Viele Frauen folgen ihrem Beispiel. Die Frauen Indiens nehmen jetzt ihrerseits, mit ihren eigenen Mitteln den Kampf auf. Wenn ein Politiker ihres Bezirks verhaftet wird, rufen sie einen „Tag der Trauer" aus. Sie legen safranfarbene Kleidung an, um durch diese Farbe des Opfers zu zeigen, daß auch sie zu leiden bereit sind. In kleinen Gruppen blockieren sie die Eingänge zu Geschäften, in denen Tabak, Getränke und die üblichen Rauschmittel wie Betel verkauft werden. Alle Käufer, die den Laden betreten wollen, fordern sie auf, das Geld für Gandhis Kampf zu spenden. Finden ihre Appelle kein Gehör, werfen sie sich auf die Eingangsschwelle, um mit ihren Körpern den Laden zu blockieren.

So etwas hatte es noch nie gegeben. Ein Heer von Frauen kämpft mit einer besonderen Art von *Satyagraha*, von Gewaltlosigkeit, um die Freiheit des Landes. Gleichgültig, ob es moderne, gebildete Frauen sind, oder ob sie ihr Leben in *Purda* verbringen. Es gibt keine Unterschiede, weder im Kampf auf der Straße noch hinter Gefängnismauern. Viele junge Frauen geben Beruf und gesellschaftliche Stellung auf, um am Kampf teilzunehmen. Viele werden deshalb von ihren Familien enterbt.

In den dreißiger Jahren verstärkt Gandhi seine Bemühungen, die traditionellen Lebensformen der Hindugesellschaft zu erneuern. Er verlangt die Aufhebung aller Benachteiligungen der Unberührbaren. *Harijans* – Gotteskinder – nennt er die Ausgestoßenen jetzt. Als indische Herrscher mit Unterstützung der englischen Kolonialmacht getrennte Wahlen für Kastenhindus und Unberührbare fordern, wird er aktiv, mit dem Erfolg, daß er und die meisten seiner Mitarbeiter erneut verhaftet werden.

Diesmal sind es 30 000 seiner Anhänger, die überall im Land in die Gefängnisse gehen. Unter ihnen Kasturba. Auch sie hat gegen die Diskriminierung der Harijans protestiert. Zu sechs Wochen Haft wird sie verurteilt, die sie von ihrem Mann getrennt in einem anderen Gefängnis abbüßen muß.

Welche Wandlung hat diese Frau durchgemacht, wieviele ihrer Grundsätze und Überzeugungen aufgegeben! Ist sie wirklich vom Kreuzzug Gandhis für die Rechte der Unberührbaren überzeugt, oder folgt sie als gute Hindufrau seinen Forderungen? Hat sie ihren Abscheu, den sie seit ihrer Jugend gegen die Unberührbaren empfindet, überwunden? Wenn andere Gefangene über die eigenen Unterschiede zu Unberührbaren sprechen, sagt sie einfach, „was wollt ihr, wir sind alle von Gott gemacht. Wie kann es da hoch und niedrig geben? Es ist falsch, derartige Gefühle zu haben."

Gandhi kämpft diesmal mit drastischen Mitteln. Er verlautet, daß er „bis zum Tod fasten wird," wenn seine Forderung nach gemeinsamen Wahlen nicht erfüllt wird. Die Menschen im Land sind wie gelähmt. Gandhis Gesundheitszustand ist schlecht, seine Widerstandskräfte sind am Ende. Tausende fasten mit ihm, um seine Forderung zu unterstützen, denn aus dem Gefängnis kommen schlechte Nachrichten. Gandhi scheint entschlossen, seine Drohung wahr zu machen. Am dritten Fasttag ist er dem Tode nahe.

Am sechsten Tag kapituliert die Regierung. Gandhis Forderungen werden erfüllt. Er ist gerettet. Der Yeravda-Pakt wird unterzeichnet, der gemeinsame Wahlen garantiert. Und noch etwas hat er erreicht. Harijans, denen bisher das Betreten der Tempel untersagt war, dürfen von nun an zusammen mit Kastenhindus beten.

Ein Jahr später, als Gandhi eine weitere Haftstrafe abbüßt, gründet er eine Zeitschrift, mit der er die Eingliederung der Unberührbaren auf allen Gebieten propagiert. Er nennt sie *Harijan* und schreibt, „in Zukunft soll unter Hindus niemand mehr durch seine Geburt als Unberührbarer gelten." Die jahrhundertelange Diskriminierung der Harijans soll zu Ende sein.

12.

Neuer Anfang in Wardha

Aufregungen und Entbehrungen, Gefängnisaufenthalte und selbst auferlegte Fasten haben die Gesundheit Gandhis zerstört. Man sieht es ihm an, mit 66 Jahren ist er ein alter Mann. Auch Kasturba kränkelt, ihr schwaches Herz macht ihr zu schaffen.

Da erscheinen in indischen Zeitungen Berichte, der älteste, der „schlechte" Sohn Gandhis wolle zum Christentum übertreten. Es heißt, Harilal habe die Presse durch einen Brief von seinem geplanten Schritt unterrichtet. Kurz zuvor macht er von sich reden, als er in der südindischen Stadt Madras wegen Trunkenheit und ungebührlichen Benehmens festgenommen wird. Kasturba diktiert einen Brief an ihren Ältesten, in dem sie ihrem Zorn über sein Verhalten Ausdruck gibt. „Es schickt sich nicht für einen intelligenten Jungen sich so zu benehmen," schreibt sie an den 51jährigen, der selbst bereits Großvater ist. „Ich kann vor Scham nirgendwo hingehen," klagt sie und bittet den Sohn, sie nicht länger zu quälen und vor allem, seinen Vater nicht noch mehr zu verletzen. Er gehöre zu den Großen Indiens und sollte von seinen Söhnen genau so geehrt werden, wie von ihr.

Aber Harilal kann seinen Vater, den Mann, der sein Leben von Kindheit an zerstört hat, nur hassen.

Gandhi erleidet einen Nervenzusammenbruch. Er ist 10 Wochen lang krank. Das allgemeine Elend in seinem Land und in der Welt deprimieren ihn zusätzlich und er faßt den Entschluß, den Ashram in Ahmedabad zu verlassen, und an einem anderen Ort einen neuen Anfang zu machen. Seine Wahl fällt auf Wardha, im nordöstlichen Teil von Maharaschtra. Hier, in der Einsamkeit, unter schlechten klimatischen Verhältnissen, wo die Sommermonate unerträglich heiß sind und die Monsunregen die Erde zu unpassierbarem Matsch aufweichen, wird ein neuer Ashram gebaut. Das winzige Dorf, das in der Nähe liegt, hat kein Geschäft, keine Post- oder Bahnstation und das Leben wird für alle, die mit ihm gehen, zur Herausforderung. Die Schwierigkeiten des Neubeginns sind kaum zu überwinden, aber gerade das ist Gandhi recht.

Die Bevölkerung der Umgebung besteht zum größten Teil aus Harijans. Zwei von ihnen nimmt Gandhi in seiner einfachen Lehmhütte auf, um auch hier wieder durch sein Beispiel zu zeigen, wie ihre jahrhundertelange Benachteiligung beendet werden kann.

Kasturba fällt es nicht leicht, die vertraut gewordene Umgebung des Ashrams in Ahmedabad aufzugeben und sich in Wardha neu einzurichten. Die primitiven Bedingungen und das ungesunde Klima machen ihr und Gandhi gesundheitlich zu schaffen. Als Gandhi nach Abbüßung einer Haftstrafe schließlich krank wird und die medizinischen Künste der Ärzte und der Priester keine Besserung bringen, ruft Kasturba ihre Freundin Sushila Nayar zur

Hilfe. Die junge Medizinerin, die kurz vor ihrem Abschlußexamen steht, erkennt sofort, daß vor allem das Klima die Ursache für Gandhis schlechten Gesundheitszustand ist. Er schläft das ganze Jahr über auf einer offenen Veranda und ist Kälte und Feuchtigkeit ausgesetzt. Gemeinsam überreden ihn beide Frauen in Kasturbas Hütte zu ziehen. Aber auch das hilft nicht. Gandhi muß Wardha verlassen und in einem gesünderen Klima geheilt werden. Kasturba packt alles zusammen, was er für einen längeren Aufenthalt braucht: Kleidung, Decken, Matratzen, Töpfe und Pfannen. Sie begleitet ihren Mann nach Juju, wo sie ihn pflegt, für ihn kocht und wäscht und ihn sogar füttert, weil er sehr schwach ist. Nach zwei Monaten ist er wieder hergestellt und beide kehren nach Wardha zurück.

So vernünftig und umsichtig Kasturba ist, wenn es um Gandhis Gesundheit und sein Wohlbefinden geht, so uneinsichtig ist sie bei sich selbst. Als eine Cholera-Epidemie in der Gegend ausbricht und Sushila Nayar die Bewohner des Ashrams impfen will, weigert sich Kasturba, „das dreckige Zeug" in ihre Adern impfen zu lassen. Alle Vorhaltungen nützen nichts. Daran gewöhnt, Kasturba als Beispiel zu folgen, weigern sich auch viele andere Bewohner. „Wie durch ein Wunder ist der Ashram von der Seuche verschont geblieben," sagt Sushila Nayar.

Bei Kriegsausbruch, im September 1939, spüren die Menschen in Indien wieder einmal deutlich, daß sie in allen Entscheidungen von der englischen Kolonialmacht abhängig sind. Ohne die politischen Führer Indiens zu konsultieren, erklärt Winston

Churchill, daß sich Indien an der Seite Englands im Krieg befindet. Gandhi ist gegen die Teilnahme Indiens am Krieg, und viele seiner Landsleute sind es auch. Als freie Menschen eines demokratischen Landes würden sie mit Freuden als Verbündete anderer Nationen kämpfen, erklärt Gandhi. Aber so?

Als die kalte Jahreszeit anbricht, wird Kasturba krank. Sie muß zu Sushila in die Stadt, um eine schwere Lungenentzündung auszukurieren. Auch nach ihrer Rückkehr in den Ashram bleibt sie anfällig und schwach und kann noch nicht einmal ihre Pflichten als Gastgeberin erfüllen, wenn hohe Gäste zu Besuch kommen. Sie erholt sich wieder, als die Kinder ihres dritten Sohnes zu ihr in den Ashram ziehen. Sumitra und ihr Bruder leben seit 1940 bei den Großeltern. Sie werden mit der ganzen Liebe und Fürsorge ihrer Großmutter überschüttet.

Sumitra Kulkarni lebt heute als Frau eines Professors der Wirtschaftswissenschaften mit ihren Kindern auf dem Universitätsgelände in Ahmedabad. Sie bewohnt wie die anderen Familien der Professoren, Lektoren und Assistenten ein Reihenhaus mit großzügigem Grundriß, umgeben von einem kleinen Garten und gepflegten Grünanlagen. Die Mitvierzigerin ist eine elegante Erscheinung. Sie genießt Ansehen und hat durch ihr politisches Engagement Einfluß. Jahrelang hatte sie einen Sitz im indischen Parlament.

Über ihre eigene Kastenzugehörigkeit sagt sie: „Wir Kinder wußten damals gar nicht, welcher Kaste wir angehören. In den Hütten von Unberührbaren fühlten wir uns wie zu Hause. So wurden wir erzogen. Heute ist das unser Unglück, denn wir werden weder von Kastenhindus noch von Harijans akzeptiert. Gandhi ist nicht mehr der Führer der Menschen.

Ich bin Politikerin. Ob ich nun ein Mandat habe oder nicht, ich übernehme die volle Verantwortung und die Schuld für das, was meiner Kaste angelastet wird. Aber kastenbewußt bin ich erst in den letzten zehn Jahren geworden."

Es klingt bitter. Von den Ideen des Großvaters scheint bei den Menschen nicht viel übriggeblieben zu sein. Aber Bitterkeit und Enttäuschung verfliegen schnell, als Sumitra Kulkarni von ihrem Leben bei den Großeltern im Ashram von Wardha erzählt.

„Ich erinnere mich sehr genau an meine Großmutter. Es waren nicht viele Kinder bei ihr, nur mein Bruder und ich. Ich war elf Jahre alt, mein Bruder ist zwei Jahre jünger. Wir standen nie vor sechs oder sieben Uhr auf," sagt sie und schaut mich prüfend an, ob ich auch die Bedeutung dieser einfachen Feststellung erkenne. Ich nicke ihr zu, „die anderen standen zwei Stunden früher auf, nicht wahr?"

„Ja, aber ich wurde von meinem Großvater verwöhnt. Ich hatte nämlich schwache Augen. Schlaf war für mich wie eine Kur. Und er bestand darauf, daß ich nicht früh geweckt wurde. Auch Großmutter liebte mich besonders. Ich war ein sehr schwächliches Kind und dann noch das Augenleiden. Ich schielte, und damals galt ein schielendes Kind in Indien als unglückliches Kind. Wer wird es heiraten, was wird aus ihm werden, wird es später sehen können oder wird es erblinden? Meine Augen wurden von Jahr zu Jahr schlechter und man fürchtete, daß ich nie studieren könnte, oder auch nur die Sonne und die Natur sehen könnte.

Ich war also von der normalen Disziplin im Ashram befreit. Wenn wir aufgestanden waren, achtete Großmutter darauf, daß wir unsere Zähne ordentlich putzten. Das ist etwas, worauf man in Indien besonderen Wert legt. Mehr, als in jedem anderen Land der Welt... man benutzt einen frischen Zweig von einem Strauch. Und Großmutter achtete darauf, daß wir es gründlich machten. Danach bekamen wir ein gutes Frühstück.

Beim Mittagessen und Abendessen saßen wir zwischen den Großeltern. Großmutter aß Gerichte, die sie mochte, richtig gewürzt und ordentlich zubereitet. Sie aß sie auch in Gegenwart meines Großvaters. Und sie gab uns von ihren Gerichten etwas ab. Mein Großvater sagte dann immer, sie solle uns Kinder nicht so verwöhnen. Aber sie meinte dann, die armen Kinder müssen ordentliches Essen haben, normales Essen und nicht nur das salzlose, das er hatte. Mein Großvater wollte, daß weder Kaffee noch Tee getrunken wird, aber Großmutter trank Kaffee von morgens bis abends, und sie aß auch was sie wollte.

Wir hatten keinen normalen Schulunterricht," fährt sie fort, „aber es gab immer den einen oder anderen Bewohner oder Besucher im Ashram, der sehr gebildet war, und die opferten etwas Zeit, um uns zu unterrichten. So lernten wir rechnen, hatten etwas Sprachunterricht, und ich erinnere mich, daß ich französische Geschichte, besonders Napoleon, durchnahm. Aber alles war sehr sporadisch, ganz zufällig, ohne Plan und Methode. Ich lernte sogar etwas über die Geschichte der Baumwolle, und so kamen wir auf die Geschichte Ägyptens, und andere Zivilisationen. Und ein Terrorist, der versucht hatte den Governeur von West Bengalen zu töten, und der nach seiner Haftstrafe im Ashram lebte, zeigte uns, wie man Bomben herstellt. Und so lernte ich, daß Baumwolle dabei zur Isolierung gebraucht wird, also nicht nur für Kleidung, sondern auch für Kriegszwecke."

Ich hätte ihr stundenlang zuhören können. Die Beschreibung des Ashrams, mit den Augen eines kleinen Mädchens gesehen, macht den Ort auf einmal zu einer ganz normalen Wohnstätte, in der eine glückliche Familie lebt. Und der Asket, der Freiheitskämpfer, der bei der Durchsetzung seiner Reformpläne gnadenlos gegen sich selbst und seine Anhänger ist, bekommt liebenswerte, menschliche Züge. Kasturba kann es sich leisten eine neue Rolle zu übernehmen – die Rolle der liebenden Großmutter.

„Sind Sie denn nie in eine normale Schule gegangen?" versuche ich den Faden des Gesprächs wieder aufzunehmen.

„O nein," beteuert Sumitra Kulkarni, „man hielt das Leben im Ashram für eine ausreichende Schulung und Ausbildung für jedermann. Ich ging erst mit dreizehn in eine richtige Schule. Vorher nicht. Aber wir wurden sehr verwöhnt. Es hat nie an der Zuneigung, der Liebe und Wärme gefehlt, die ein Kind braucht. Was das andere angeht, so ist uns nie bewußt geworden, daß wir keinen Luxus hatten, auf harten Betten schliefen und kein Stuhl im Haus war, und weder schönes Geschirr noch Bestecke. Vieles davon kannten wir ja gar nicht. Wir hatten immer das Gefühl, im Mittelpunkt der Welt zu leben. Die Welt kam zu uns, und wir fühlten uns nie zurückgesetzt. Und die Armut war von uns gewollte Armut. Ich entwickelte keine Minderwertigkeitskomplexe oder Frustrationen. Wir wuchsen völlig normal auf."

Minderwertigkeitskomplexe hat diese Frau wirklich nicht. Später, als sie ein College besucht, werden die Lücken des unregelmäßigen Unterrichts im Ashram schnell ausgefüllt. Sie studiert und wird schließlich Finanzdirektor einer großen Firma. Diese Frau weiß wer sie ist und was sie kann. „Ich bin eine gute Rednerin und gebe mich nicht mit Halbheiten zufrieden," sagt sie. Ich glaube es ihr aufs Wort. Schließlich ist sie Gandhis Enkeltochter.

13.

Die letzte Haft

Der Krieg in Europa dauert schon drei Jahre. Indien bekommt 1942 die Auswirkungen vor den eigenen Grenzen zu spüren. Die Japaner sind vorgestoßen, man befürchtet ihren Einmarsch.

Anfang August plant Gandhi auf einigen Versammlungen in Bombay zu sprechen. Einen Verfassungsentwurf, in dem die Engländer Indien nach Beendigung des Krieges eine Selbstregierung versprechen, aber keine Garantie für die Einheit des Landes geben, lehnen die Inder ab. Ihre Antwort an die Kolonialmacht drückt sich in der unmißverständlichen Aufforderung aus „Verlaßt Indien". Am 8. August 1942 verabschiedet der Indische Kongress die Quit India – Verlaßt Indien-Resolution, am 9. August werden Gandhi, sein Sekretär und zahlreiche Kongressmitglieder im Morgengrauen verhaftet.

„Wenn du ohne mich nicht leben kannst, darfst du mitkommen," sagt Gandhi zu Kasturba, als er von Polizisten abgeführt wird. „Aber es wär' mir lieber, wenn du hierbliebst und meine Arbeit weiter machst."

Niemand zweifelt daran, daß Kasturba der Aufforderung nachkommen wird. Als sie erfährt, daß Gandhi am Abend auf einer öffentlichen Versammlung reden wollte, erklärt sie sich sofort bereit, für ihn einzuspringen. Aber es kommt nicht dazu. Als Kasturba mit Sushila Nayar das Haus verläßt, treten ihr Polizisten entgegen und fordern sie auf, im Haus zu bleiben.

„Mütterchen, du bist zu alt für so etwas. In deinem Alter solltest du zu Hause bleiben. Geh' nicht zu der Versammlung, bitte," sagt ein Polizist. Aber Kasturba läßt sich nicht aufhalten und so wird sie, zusammen mit Sushila Nayar, verhaftet.

Draußen im Land bricht ein Sturm der Empörung und Zerstörung los. Eisenbahnschienen, Bahnhöfe und Postämter – Symbole der britischen Herrschaft – werden demoliert, es gibt Hunderte von Toten. Gandhi und die anderen Gefangenen werden von Bombay nach Puna gebracht. Was im Land geschieht, erfahren sie oft erst nach mehreren Tagen. Der frühere Palast des Aga Khan in Puna wird das Gefängnis für Gandhi und Kasturba. Die Dichterin Sarojini Naidu, zwei Sekretäre Gandhis, sowie Mira, die Engländerin und Sushila Nayar sind aus Sicherheitsgründen auch dorthin verlegt worden.

Kasturba ist sehr froh, daß sie in Gandhis Nähe sein darf, aber die Tage schleppen sich langsam dahin. Während sich alle anderen sinnvoll beschäftigen können, bleibt für sie nichts zu tun. Selbst für die Küchenarbeit sind andere Gefangene eingeteilt. Besuch dürfen die politischen Gefangenen nicht empfangen. In dem luxuriösen Haus, von Stacheldraht umgeben und von bewaffneten Polizisten bewacht, ist Kasturba zur Untätigkeit verurteilt. Der alten Frau von 74 Jahren bleibt nichts übrig, als ne-

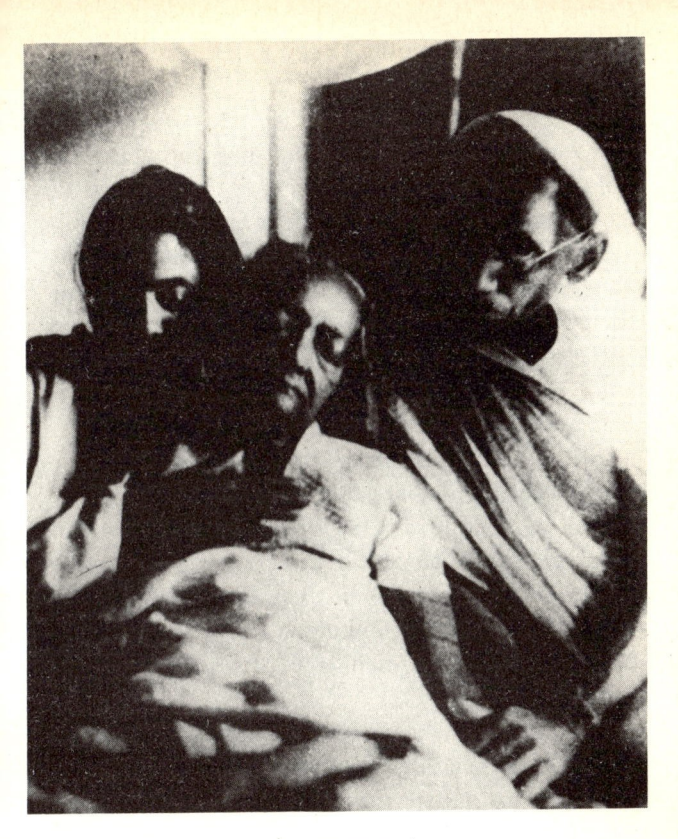

KASTURBA
AUF IHREM KRANKENLAGER

ben ihrem Mann zu sitzen und ihm die Fliegen und Mücken wegzuwedeln, die im Palast eine wahre Plage sind.

Wenige Tage nach der Verhaftung stirbt Gandhis Sekretär Desai. Nach den Riten der Hindus wird die Leiche des Brahmanen auf dem Gefängnisgelände verbrannt. Während Kasturba mit den anderen Gefangenen neben dem Holzstoß steht, flüstert sie immer wieder: „Möge Gott dir gnädig sein, wo immer du sein magst," und „warum ließ Gott Mahadev Desai gehen und nicht mich?" Sie nimmt den Tod Desais als böses Vorzeichen für die eigene Zukunft.

In diesen eintönigen, hoffnungslosen Tagen bittet Gandhi Sushila Nayar, eine Biographie über Kasturba zu schreiben. Die junge Ärztin nimmt den Vorschlag an. Viele Stunden des Tages verbringt sie jetzt mit der mütterlichen Freundin und ermuntert sie, aus vergangenen Zeiten zu erzählen. Aber Kasturba bleibt niedergeschlagen. „Ich sterbe als nächste," sagt sie.

Aber dann scheint sie noch einmal Mut zu fassen. Zum Erstaunen aller bemüht sie sich lesen und schreiben zu lernen. Eine Fibel der fünften Grundschulklasse in ihrer Muttersprache Gujerati ist ihre Lektüre. Auch geographische Kenntnisse versucht sie sich anzueignen, lernt zum Beispiel die Namen der Flüsse auswendig, die sie aber am nächsten Tag wieder vergessen hat. Gandhis Sekretär muß auf ihr Drängen Teile der Gita, einer heiligen Schrift der Hindus, für sie übersetzen.

Sie tut dies alles, um ohne fremde Hilfe an ihre Kinder schreiben zu können. Mit zittriger Hand kritzelt sie Druckbuchstaben aufs Papier, die hinterher kaum zu entziffern sind. „Es würde besser gehen, wenn ich einen Schreibblock hätte, wie alle anderen," sagt Kasturba entschuldigend.

„Du bekommst einen, wenn du Fortschritte machst," ist Gandhis knappe Antwort.

Kasturba ist sehr gekränkt. Obwohl sich ihr Mann zu entschuldigen versucht, gibt sie ihre Bemühungen auf. „Für mich ist es zu spät," gesteht sie Sushila Nayar.

Die vollkommene Isolierung von seinen Mitarbeitern und Anhängern veranlaßt Gandhi einen Brief an den Vizekönig zu schreiben, in dem er ein dreiwöchiges Fasten ankündigt, falls die Abschirmung von der Außenwelt nicht aufgehoben wird. Da die Antwort ausbleibt, beginnt er am 10. Februar 1943, nach der Morgenandacht, zu fasten. Bis zum 2. März will er durchhalten. Ungesalzenes Wasser ist das einzige, was er zu sich nimmt.

Kasturba verbringt Tage voller Angst und Sorge am Lager ihres Mannes. Sie fastet mit ihm. Ein Glas Milch und ein Glas Fruchtsaft sind ihre einzige Nahrung. Zusammen mit Sushila pflegt sie Gandhi. Die Tage der Krise, an denen er vor Schwäche bewußtlos wird und es den Anschein hat, als ob er sie nicht überstehen wird, sind die schlimmsten. Auch das Bewußtsein, das Millionen ihrer Landsleute um das Leben des Mahatma beten, kann Kasturba nicht aufrichten.

Und wieder setzt Gandhi seinen Willen durch. Die Regierung gibt nach. Der Mahatma darf sich seinen Anhängern zeigen und Besuch empfangen.

Er kann das Fasten beenden, Kasturba reicht ihrem Mann das erste Glas verdünnten Fruchtsaft. Er trinkt es schweigend in kleinen Schlucken und braucht eine halbe Stunde dazu.

Aufregungen und Angst in den Wochen des Fastens haben Kasturbas Gesundheit sehr geschadet. Sie erleidet immer häufiger Herzanfälle und erkrankt zusätzlich an einer schweren Bronchitis. Dazu kommt das bedrückende Gefühl der Verlassenheit und Isolierung. Allen wird klar, daß sie sehr krank ist. Die Regierung erlaubt, daß ein Enkel Kasturbas zu ihr ins Gefängnis ziehen darf. Aber die alte Frau wird sich nicht mehr erholen. Sie kann nur noch im Rollstuhl ihr Zimmer verlassen. Zum Gehen ist sie zu schwach. Ihr sehnlicher Wunsch ist es, Harilal noch einmal zu sehen. Durch mehrere Eingaben bei den Behörden erwirkt Gandhi, daß dieser Wunsch erfüllt wird. Auch ein Arzt der *aryuvedischen* Medizin, der Naturheilkunde, in die Kasturba großes Vertrauen setzt, wird gerufen. Aber er kann nicht helfen. Seit Tagen verweigert sie jede Nahrung. Nur ein paar Tropfen Wasser aus dem für Hindus heiligen Ganges-Fluß nimmt sie zu sich.

„Trauere nicht nach meinem Tod," sagt sie noch zu Gandhi. Dann stirbt sie in seinen Armen, den Kopf an seine Brust gelehnt, am 22. Februar 1944.

Biographen und Zeitgenossen stellen seither die Frage, ob man Kasturba hätte retten können. Englische Gefängnisärzte hatten Penicillin einfliegen lassen, aber Gandhi lehnt die Behandlung ab. Handelt er leichtsinnig, starrköpfig oder aus der Überzeugung, daß das Medikament Kasturbas Leiden nur verlängern würde?

Ich frage Sushila Nayar, die auch in der letzten Stunde in Kasturbas Nähe ist, nach ihrem Eindruck. Sie antwortet ohne Vorbehalt. „Ich beschreibe das ja in meinem Buch," sagt sie. „Als ich die Spritze auskochte, fragte mich Bapu, wofür machst du das? Und ich sagte, ich muß eine Spritze geben. Penicillin. Er hatte zuerst zugestimmt, daß man es ihr gibt, aber war sich nicht klar darüber, daß es gespritzt werden mußte. Er sah mich an und fragte, bist du sicher, daß sie am Leben bleibt, wenn sie die Spritze bekommt? Bist du sicher, daß es ihr hilft? Ich sagte nein. Dann gib sie ihr nicht, stör sie nicht, laß sie in Frieden, sagte Gandhi.

Ich weiß nicht, ob das mit Ideologie zu tun hat," sagt Sushila Nayar nachdenklich, „aber da ist das Gefühl, daß man den Menschen, der im Sterben liegt, nicht durch Injektionen stören soll, indem man eine Nadel in seine Haut sticht. Das Gefühl gibt es ja."

Sushila Nayar ist nicht die einzige, die Gandhis Entscheidung für richtig hält und sie unterstützt. Auch die Söhne sind der gleichen Meinung. Sumitra Kulkarni begründet die Haltung ihres Großvaters heute noch in bewegten Worten.

„Ich glaube fest daran, daß Leben und Tod einer Ordnung und einer Kraft unterworfen sind, die wir nicht beeinflussen können. Gleichgültig, wie sehr ich auch versuche mich zu retten. Wenn ich sterben muß, dann sterbe ich zur vorbestimmten Stunde. Keinen Augenblick früher und keinen später. Da dies meine Überzeugung ist, glaube ich, daß meine Großmutter durch nichts mehr gerettet werden konnte. Vielleicht haben mein Vater und meine Onkel gezögert, aber auch sie wußten, daß man ihr Leiden nur verlängert hätte. Mein Großvater war dagegen und so war klar, daß Großmutter es auch war. Ich glaube, daß Kasturba mit Hilfe der Medizin keinen Augenblick länger gelebt hätte. Sie starb, als sie sterben mußte. Und es war gut, daß sie im Gefängnis starb. Ihr Tod war ein Verlust für mich persönlich und für ihre Familie. Aber er half Millionen Indern vor den Augen der Welt. Denn er zeigte, daß hier ein Mann war, dessen Sekretär und dessen Frau im Gefängnis starben. Durch solche Opfer erreichten Nationen ihre Unabhängigkeit. Von solchen Opfern geht neue Kraft aus, sie sind von großer Bedeutung."

14.

Kasturba zum Gedenken

Kasturba verdient es, in die Reihe der großen Frauen dieser Welt aufgenommen zu werden. Diese Feststellung macht K. P. Thomas in seiner Biographie. Viele Inder fühlen wie er. 150 Trauergäste versammeln sich auf dem Gefängnisplatz, als Kasturbas Scheiterhaufen entzündet wird. Gandhi spricht Gebete der Hindus, der Parsen, der Moslems und der Christen. Der Tränen, die er vor allen weint, schämt er sich nicht. „Um ihretwillen begrüße ich den Tod, er bringt ihr Erlösung von ihren Qualen," sagt er. „Aber ich fühle den Verlust mehr, als ich je gedacht habe. Wir waren ein ungewöhnliches Paar. Unser Leben war Zufriedenheit, Glück und Fortschritt.

Später, als er im Kreis seiner Getreuen auf seinem Lager sitzt, gesteht er, daß Kasturba wie ein Stück seiner selbst war. „Ihr Tod hinterläßt eine Lücke, die sich nie schließen wird."

Ein Unglück, das jedes indische Haus überschattet, wird Kasturbas Tod genannt und tatsächlich trauern die Menschen im ganzen Land. Selbst politische Widersacher Gandhis vergessen ihre Differenzen mit dem unbequemen, unnachgiebigen Mann. In Zeitungen des In- und Auslands erscheinen Nachrufe. Maharadschas, Industrielle und Politiker der verschiedenen Überzeugungen schicken Beileidsbezeugungen und Würdigungen von Kasturbas Verdiensten. Universitäten und Colleges schließen ihre Tore. In Ahmedabad stehen die Webstühle in den Webereien still.

Politische Freunde und Anhänger Gandhis gründen den Nationalen Kasturba Gandhi Trust. Innerhalb weniger Monate, bis zum 75. Geburtstag des Mahatmas am 2. Oktober sollen 75 Millionen Rupien gesammelt werden. Um allen Bevölkerungsschichten die Möglichkeit zu geben sich an diesem Trust zu beteiligen, können Summen zwischen einer Rupie und 100 000 Rupien gezeichnet werden. Das Geld soll zur Fortbildung und Unterstützung der Frauen Indiens verwendet werden.

„Ein guter Plan," sagt Dr. Sushila Nayar rückblickend. „Die Frauen hatten im Freiheitskampf viel Mut gezeigt, hatten sich der Polizei entgegengestellt. Das war die Generation meiner Mutter, die noch in *Purda*, in der völligen Abgeschlossenheit aufgewachsen war. Indische Frauen brauchten nie um ihre Rechte zu kämpfen. Sie hatten unter Gandhi gleichberechtigt am Freiheitskampf teilgenommen. Zwar weniger durch physische Kraft – mit roher Gewalt, wie Gandhi es immer nannte, auf diesem Gebiet sind die Männer den Frauen überlegen – sondern mehr mit der Kraft der Liebe, des Erduldens, des Dienens und des Opferns. Deshalb sind Frauen in einem Kampf, der mit Mitteln der Gewaltlosigkeit ausgetragen wird, viel stärker als Männer. Gandhi motivierte sie alle: Analphabetinnen genau so wie Hochgebildete, Aristokratinnen

KASTURBA
(Gemälde)

ebenso wie konservative Frauen und ganz einfache Frauen aus dem Volk. Ob Angehörige hoher Kasten oder niedriger Kasten, alle wurden zu einer Familie. So konnten sie Entbehrungen, aber auch Polizeiknüppel, mit denen sie zusammengeschlagen wurden, ertragen.

Als Indien dann unabhängig wurde war es selbstverständlich, daß die Verfassung die Gleichberechtigung der Frauen garantierte."

Sushila Nayar ist es gewohnt, präzise zu formulieren und Zusammenhänge zu erklären. Meinen Einwänden, die ich an dieser Stelle machen will, kommt sie zuvor. Sie weiß, daß die konstitutionell garantierten Rechte der Frauen im indischen Alltag wenig beachtet werden.

„Sie wollen jetzt fragen, ob die Frauen wirklich gleiche Rechte haben. Die Antwort ist nein. Die meisten indischen Frauen kennen noch nicht einmal ihre Rechte, die ihnen durch die Verfassung gegeben wurden. 75 Prozent der Frauen sind Analphabeten. Der Trust, der zu Kasturbas Erinnerung ins Leben gerufen wurde, soll nun helfen, daß alle Frauen bis zum Jahr 2000 lesen und schreiben können. Erst dann können sie ihre Rechte verstehen, können begreifen, daß sie Verantwortung haben.

Gandhi hat immer gesagt, daß die Frauen, die ihr Leben lang für ihre Familien schuften, auch die Gesellschaft in ihre Arbeit mit einbeziehen sollten. Dann würden aus Sklavinnen Sozialarbeiterinnen werden, dann würden die Frauen frei sein und eine aktive Hilfe für ihr Land werden. Und genau das muß geschehen, wenn wir den Prozeß, den Gandhi begonnen hat, zu Ende fühen und die notwendigen Änderungen durchsetzen wollen. Eine neue soziale Ordnung muß entstehen, die für Frauen und Männer völlige Freiheit bringt. Gerade die Frauen können einen großen Teil dazu beitragen, daß Pläne für eine soziale Ordnung, die sie von jeglicher Ausbeutung befreit, ausgearbeitet werden. Weil sie selbst ausgebeutet wurden, sind sie die besten Fürsprecher für die Beendigung jeglicher Ausbeutung, denn sie haben erfahren, wie es ist. Die Frauen müssen sich ihrer Kraft bewußt werden und müssen den Willen haben, Veränderungen durchzusetzen."

Ein beeindruckendes Programm, für das sich in den letzten Jahrzehnten viele Politiker, vor allem viele Frauen in Indien eingesetzt haben. Die frühere Ministerpräsidentin Indira Gandhi war eine von ihnen. Daß sie wenig Erfolg haben, liegt daran, daß sich viele Frauen trotz Appellen und Hilfsprogrammen immer noch so verhalten, wie es Kasturba vor einem halben Jahrhundert getan hat. Es erscheint ihnen nicht wichtig, lesen und schreiben zu lernen. Das gilt besonders für die Frauen auf dem Lande. Und da 80 Prozent der indischen Bevölkerung in ländlichen Gebieten leben, sind es Millionen Frauen, die diese konservativ-herkömmliche Einstellung haben.

Kasturbas Andenken ist in jüngster Zeit durch Richard Attenboroughs Film „Gandhi" wieder belebt worden. Rohini Hattangady, die bekannte indische Schauspielerin, die mit großem Einfühlungsvermögen die Rolle Kasturbas in dem Film spielt, hat vor allem der jungen Generation die Persönlichkeit dieser Frau in Erinnerung gebracht. In der übrigen Welt ist Millionen Menschen zum ersten Mal bewußt geworden, daß Gandhi, der große Freiheitskämpfer, verheiratet war, daß es eine Frau gab, die mit ihm und für ihn lebte. Der Film ist ein Erfolg. Er gehört zu den historischen Werken, die auch in Jahrzehnten ihren Wert behalten.

Sumitra Kulkarni ist allerdings mit der filmischen Darstellung ihrer Großmutter nicht einverstanden. Sie schlägt die Hände zusammen und fragt in echter Verzweiflung, „was hat Attenborough aus meiner Großmutter gemacht? Mochte mein Großvater Einfachheit in Kleidung und Aussehen predigen soviel er wollte, meine Großmutter liebte leuchtende Farben. Die Borten ihrer Saris mußten leuchtend rot sein. Anders ging es nicht. Sie hat nie braune Farben getragen. Aber in Attenboroughs Film trägt sie ständig braune Borten. Er glaubt wohl, daß die Frau des Mahatmas vernachlässigt aussehen müßte. Er setzt Einfachheit mit Schlampigkeit gleich. Er versteht überhaupt nicht, daß man bei aller Einfachheit sehr sorgfältig gekleidet und elegant sein kann. Und das war meine Großmutter: sie war einfach, aber untadelig angezogen. Nie schlampig. Im Film dagegen sieht ihr Sari meistens unordentlich aus, er liegt nicht in den richtigen Falten und die Farben, die er für die Borten auswählte, stimmen auch nicht. Langweiliges blau oder braun erscheint ihm passend, aber so sah Kasturba nie aus. Ich habe sie so nie erlebt."

Es ist Sumitra Kulkarni sehr ernst mit ihrer Kritik. „Und dann der Schmuck. Ich habe ihn geerbt, wunderschöne Armreifen mit Einlegearbeit. Im Film trägt sie aber nur billige, bunte Plastikreifen. Auch das ist falsch." Danach schweigt sie lange.

„Haben Sie denn mit Attenborough darüber gesprochen, ihn darauf hingewiesen, daß Kasturbas äußere Erscheinung anders war, als er sie im Film darstellt," frage ich sie.

„Nein," sagt sie resigniert, „ich habe ihn nicht aufgesucht. Man hätte ja zu mir kommen können, sich bei mir erkundigen können. Ich hätte gerne Auskunft gegeben. Aber niemand hat mich gefragt." Sumitra Kulkarni steht auf und geht ins Nebenzimmer. Schließlich kommt sie mit einem Elfenbeinarmreifen zurück, den sie vor mir auf den Tisch legt. Der Reifen ist ungewöhnlich schön. Mit einem ziselierten Silberschloß kann man ihn öffnen. Aber er ist für ein sehr schlankes, fast kindliches Handgelenk gearbeitet. Weder Frau Kulkarni noch ich können den Reifen anlegen. Das Elfenbein hat eine leicht rötliche Tönung, die Farbe des Glücks. In der Mitte des Reifens läuft ein schlichtes Silberband, das dem Schmuckstück ein kostbares und ausgefallenes Aussehen gibt.

„Das ist ihr Lieblingsreifen gewesen," sagt Sumitra Kulkarni, „ist er nicht schön?" Ich stimme ihr zu.

Der Persönlichkeit Kasturba Gandhis gerecht zu werden, ist sicher nicht leicht. Versuche einer Würdigung und Beschreibung ihres Wesens müssen unterschiedlich ausfallen, je nachdem, von wem sie unternommen werden. Außerdem mußte sich Kasturba immer wieder neuen Anforderungen stellen, neuen Lebensbedingungen anpassen, sich ändern, um bestehen zu können. Sie hat viele Gesichter: das der aufopfernden Hindufrau, die den Ansprüchen ihres Ehemannes gerecht wird; das der „Ba", die mit Verständnis für die Sorgen anderer jahrzehntelang ein entbehrungsreiches Leben im Ashram führt. Schließlich wird aus dieser bescheidenen, unauffälligen Frau die Freiheitskämpferin und Nationalheldin, eine Rolle, in die sie hineingedrängt wird.

Menschlich überzeugend ist Kasturba wenn sie so sein darf, wie ihre Enkeltochter sie beschreibt. Eine fürsorgliche Mutter und Großmutter, die mit Liebe und Wärme für die Mitglieder ihrer Familie sorgt. Ihr Leben an der Seite des Mahatmas hat ihr wenig Zeit für diese Rolle gelassen.

15.

Wir setzen die Arbeit fort...

Der Ashram von Ahmedabad ist heute einer der Hauptanziehungspunkte der Stadt. Täglich kommen Besucher aus aller Welt um den historischen Ort zu sehen, von dem aus Gandhi fast zwei Jahrzehnte lang seinen Kampf um soziale Erneuerung und um Befreiung seines Landes von der Kolonialherrschaft führte. Der Platz am linken Ufer des Sabarmati-Flusses hat sich seitdem kaum verändert. Die vier einfachen, weißgetünchten Hütten werden über die Jahre liebevoll gepflegt. Gerührt stehen die Besucher in dem Raum in dem Gandhi lebte. Seine persönliche Habe ist dort ausgestellt – eine Matte, auf der er nachts schlief, ein Paar Holzsandalen, ein Wanderstab, seine Brille und sein Spinnrad. Im Nebenraum, der von Kasturba bewohnt war, wird kein Erinnerungsstück aufgehoben. Um von ihr eine Vorstellung zu bekommen, müssen sich die Besucher gedulden, bis sie in den großzügigen, offenen Museumsbau geführt werden, in dem auch die vielhundert-bändige Bibliothek untergebracht ist. Dort sind überlebensgroße Photographien ausgestellt. Auf einigen ist Kasturba abgebildet. Mehr ist auch hier von der Frau des Freiheitskämpfers, die zur Mitstreiterin und zur Heldin wurde, nicht zu sehen.

Kehrt man dem Fluß den Rücken und überquert die breite Straße, kommt man in den neuen Teil des Ashrams. Hier ist eine Siedlung für Unberührbare entstanden, in der über 3000 Menschen leben. Die meisten von ihnen arbeiten in den Spinnereien und Webereien der Stadt. Hinter Bäumen versteckt liegen Schulen, die nur von Kindern Unberührbarer besucht werden. Der Lehrplan ist auf ihre speziellen Bedürfnisse abgestellt. Hygiene, Ernährungslehre, Disziplin, aber auch Kenntnis der eigenen Rechte versucht man ihnen zu vermitteln. Seit der Zeit, als Kasturba die Familien der Landarbeiter auf diesen Gebieten unterwies, hat sich wenig geändert.

Große Hoffnungen setzt man in ein zweites Projekt, ein fortschrittlich konzipiertes Schul- und Ausbildungszentrum, in dem junge Mädchen aus der Provinz Gujerat zu Lehrerinnen an Spezialschulen für Unberührbare ausgebildet werden. Zwei Jahre dauern die Kurse. Teilnehmerinnen, die ihre Ausbildung um weitere drei Jahre verlängern, können einen Universitätsabschluß in Hauswirtschaftslehre machen.

Vimala Trivedi, die Frau des Museumsdirektors, ist die Leiterin des Schulzentrums. „Diese Lehrkräfte, die selbst Unberührbare sind, werden später an den vielen Schulen unterrichten, die für Kinder von Unberührbaren eingerichtet werden," sagt sie, als sie mir voller Stolz die Anlage zeigt. „In den neuen Schulen werden die Kinder lernen können, ohne Diskriminierungen durch Angehörige anderer Kasten ausgesetzt zu sein. Bisher kommt so etwas leider in vielen Schulen vor. Es hat zur Folge, daß die Unberührbaren nicht mehr zum Unterricht kommen. In den neuen Schulen für Unberührbare sind sie unter sich, erhalten ganz normalen Unterricht und verbessern dadurch ihre späteren Berufschancen."

Im spartanisch eingerichteten Wohnheim sind 160 Studentinnen untergebracht. Acht Mädchen teilen sich jeweils einen Schlafraum. „Wir versuchen Gandhis Ideen zu verwirklichen, wo immer wir können," erklärt Vimala Trivedi. Wie ernst es ihr und allen anderen damit ist, kann man schon am Standort ihrer Häuser erkennen, in denen die Trivedis und viele andere leitende Museumsangestellte – alles Angehörige höherer Kasten – wohnen. Sie liegen in unmittelbarer Nähe der langgestreckten Siedlungshäuser der Unberührbaren. Wie es Gandhi vor 60 Jahren tat, wollen sie heute durch ihr Beispiel zeigen, daß ein Zusammenleben der Kasten auf engem Raum möglich ist. Ihr Beispiel findet wenig Nachahmung. In den kleinen Städten und auf dem Lande erscheint diese Wohnweise vielen Menschen auch heute noch unvorstellbar. Aber das entmutigt die Trivedis und ihre Freunde nicht.

„Es erfordert viel Geduld, um in Indien Veränderungen herbeizuführen," sagt Frau Trivedi. Es klingt fast entschuldigend.

Als ich mich von den Trivedis verabschiede, überreichen sie mir ein dünnes Faltblatt. Es enthält eine Briefmarke, auf der Kasturba Gandhi abgebildet ist. Die indische Post hat sie zum 20. Todestag Kasturbas, am 22. Februar 1964, als Sondermarke herausgegeben.

„Kasturba hat die Menschen viel gelehrt und sie hat viel von dem, was eine Frau liebt, aufgeben müssen. Zum Schluß sogar ihren Mann, damit er frei von häuslichen Bindungen seinem Volk dienen konnte," sagt Direktor Trivedi, als er mir die Hand reicht und gute Reise wünscht.

Literaturverzeichnis

Bright, J. S.: The Woman Behind Gandhi, Paramount Publications, Lahore.

Gandhi, M. K.: An Autobiography, Navajivan Publishing House, Ahmedabad.

Gold, Gerald: Gandhi, Bastei/Lübbe, Bergisch-Gladbach.

Morton, Eleanor: The Women in Gandhi's Life, Dodd, Mead & Co, New York.

Nayar, Dr. Sushila: Kasturba, A Personal Reminiscence, Navajivan Publishing House, Ahmedabad.

Thomas, K. P.: Kasturba Gandhi, The Orient Illustrated Weekly, Calcutta.

Gisela Tölle
Das sanfte Regiment der Frauen
Erlebnisse und Gespräche in Indien

Band 943, 128 Seiten

Gisela Tölle, die mit ihrem Mann einige Jahre aus Indien für deutsche Rundfunkanstalten und Zeitungen berichtete, hatte viele Gelegenheiten, das Leben der Inderinnen zu studieren. Sie hat ihre Zeit gut genutzt und ein sehr lesbares Buch geschrieben, aus dem man eine Menge erfährt über das Leben der indischen Frauen. Die Autorin hat sich den Inderinnen mit großem Einfühlungsvermögen und viel Sympathie genähert. Es berührt sympathisch, daß sie nicht so schnell fertig ist mit ihrem Urteil über die indischen Verhältnisse wie so viele Europäer, sondern sich bemüht, die europäischen Maßstäbe beiseite lassend, „das sanfte Regiment der Frauen" von den indischen kulturellen Traditionen her zu ergründen und zu beschreiben. Auch Leute, die schon über eigene Indien-Erfahrungen verfügen, werden das Buch zu schätzen wissen, für Leser, die noch wenig mit Indien vertraut sind, ist es zur Einführung in die komplizierte Welt der indischen Frauen trotz der erwähnten Vorbehalte erst recht ein Gewinn.

Frankfurter Allgemeine Zeitung

in der Herderbücherei